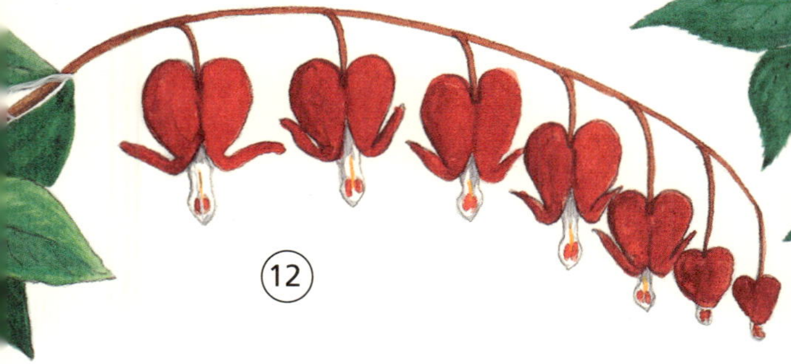

(12)

(11)

(10)

7 Sumpfherzblatt
(Parnassia palustris)

8 Herzklee
(Oxalis acetosella)

9 Gemeines Hirtentäschel
(Capsella bursa-pastoris)

10 Herzgras
(Briza media)

11 Herzkirsche

12 Tränendes Herz
(Dicentra spectabilis)

(9)

(8)

(7)

Kennst du dein Herz?

Schneide die Drehscheibe mit dem aufgezeichneten Arm auf Seite 51 aus und stecke ihn durch die Stanzung dieser Seite.
Mit einem Druckknopf oder einem kurzen Draht mußt du sie im Drehpunkt befestigen.
Jetzt kann das Mädchen auf der Vorderseite auf die Kapitel des Buches zeigen.

Schlitz zum Durchschieben des Arms

Drehpunkt

Impressum

Kennst du dein Herz?

Band 1 der Reihe „Sachbuch für Kinder" des Deutschen Hygiene-Museums Dresden

ISBN 3-87405-237-0

Medizinische Texte:
Dr. Dr. Susanne Hahn, Internistin und Medizinhistorikerin
Märchentexte:
Dr. Hannes Hüttner (Copyright by Hannes Hüttner. Leicht gekürzte Fassung)

Illustration:
Veronika Hohmann
Gestaltung:
Volkmar Spiller
Umschlagbild:
Gabriele Heider

Lithographie:
EBS, Verona
Gesamtherstellung:
EBS, Verona

Ein Herz für Kinder mit Herz

Das begehbare Herz in der Kinderakademie Fulda

Herzohr
Michael, 10 Jahre

„Man sieht nur mit dem Herzen gut"
Matthias, 10 Jahre

Herzgespann
Max, 8 Jahre

Das Herz auf dem rechten Fleck

Hänschen sprach: „Mutter, laß mich ziehen. Ich will sehen, ob hinter den Bergen auch Leute wohnen!"
Die Mutter war bekümmert, denn sie hatte den Jungen von Herzen lieb. Aber sie sprach: „Lauf zu, Hänschen! Du wirst alles gut bestehen, denn du hast das Herz auf dem rechten Fleck!"
Hänschen steckte sich Brot und einen Wurstzipfel ein und machte sich auf den Weg. Als er durch den Wald ging, hörte er ein Gebrumm. Bald kam er an eine Grube. Ein Bär saß darin. „Hilf mir!" schrie er. „Böse Menschen haben mich gefangen, obwohl ich ein ganz friedlicher, kleiner Bär bin!"
„Hm", sagte Hans, „wirst du mich auch nicht fressen, wenn du wieder frei bist?"
„Sicher nicht!" sagte der Bär. „Ich bin nämlich ein friedlicher..."
„Hast du schon gesagt" sprach Hans. „Ich will es probieren!"
Er trug zwei Baumstämme herbei und stellte den ersten in die Grube. Im Nu war der Bär emporgeklettert.
„So", rief er, „jetzt werde ich dich fressen!"
„Aber hast du denn kein Herz!" rief Hänschen. „Mich willst du auffressen, der dir geholfen hat?"
„Ach was, Herz", sagte der Bär, „du hättest besser auch keins. Du siehst ja, wohin es dich gebracht hat!"
„Ich hab aber eines!" rief Hänschen, „und zwar auf dem rechten Fleck!"
Er nahm flugs den zweiten Baumstamm auf und stieß ihn dem Bären vor die Brust, daß der wieder in die Grube stürzte. Den anderen Stamm zog er schnell empor.

„Du niederträchtiger Bösewicht!" schrie der Bär. „Wenn ich dich erwische...!" „Wenn das Wörtchen wenn nicht wär, säßest du dort drin nicht mehr!" sprach Hänschen und ging fort.
„Du Herzloser!" schrie der Bär ihm nach.
Hänschen legte seine Hand auf die rechte Brustseite und wollte seinen Herzschlag prüfen. Er fühlte aber nichts. Hab ich kein Herz, dachte er? Vielleicht ist es mir deswegen so leicht gefallen, den Bär wieder in die Grube zu stoßen! Ich muß mir unbedingt ein Herz anschaffen.
Wie er durch den Wald lief, hörte er es brechen und schmatzen. Ein Elefant fraß Blätter.
„He, Elefant!" rief er. „Mir ist etwas Schreckliches passiert. Ich hab kein Herz. Gibt es vielleicht hier irgendwo einen Laden für Herzen?"
„Vielleicht für Schokoladenherzen", sagte der Elefant. „Aber richtige Herzen kann man

nicht kaufen, sondern höchstens geschenkt bekommen. Vielleicht solltest du dir jemanden suchen, der das tut!"
„Wie wär's mit dir?" fragte Hänschen.
Der Elefant blinzelte ihn an: „Überleg doch mal. Ich bin so groß und du bist so klein. Mein Herz wäre viel zu schwer für dich!"
„Du hast recht", sagte Hänschen. „Mach´s gut, Elefant!"
Und er ging weiter und suchte jemanden, der ihm sein Herz schenken würde.
Da traf er einen Fuchs, der durch das Niederholz trabte.
„He, Fuchs!" rief er, „willst du mir nicht dein Herz schenken?"
„Natürlich!" sagte der Fuchs. „Was krieg ich dafür?"
„Ach, fürs Schenken muß man bezahlen?" wunderte sich Hans.
„Bei Herzen ja!" sprach der Fuchs. „Ein Herz ist schließlich etwas Wichtiges!"
„Ich hab hier noch einen Wurstzipfel!" sprach Hans und holte seine Wegzehrung aus der Tasche.
„Viel ist es nicht!" sagte der Fuchs. „Aber weil du es bist: Gib her!" Er sprang hoch, entriß ihm den Zipfel und rannte davon.
„He!" schrie Hans. „Was ist mit dem Herzen?" „Das kriegst du geschenkt", rief der Fuchs. „Nur nicht gleich."
Ich werd´ wohl nie zu einem Herzen kommen, dachte Hans.

Da sah er ein Mädchen im Gebüsch. Es pflückte Blaubeeren.
„Guten Tag!" sprach Hänschen. „Du bist meine letzte Hoffnung. Ich habe kein Herz. Vielleicht habe ich es verloren. Nun suche ich eine, die mir ihres schenkt!"
Das Mädchen sah Hänschen nachdenklich an. „Hör mal: Herzen verschenkt man nur, wenn man einen anderen sehr liebt! Nur dann!"
„Man lernt nie aus", staunte Hans. „Aber da bin ich ja übel dran..."
„Du bist ein Dummerjan!" sprach das Mädchen. „Auch du hast ein Herz. Sonst stündest du nicht hier und redetest solchen Unsinn."
„Fühl doch selbst!" Hänschen und riß sein Hemd auf.
Das Mädchen legte die Hand auf seine linke Brustseite. Er atmete den Duft ihres Haares ein, und plötzlich hörte er sein Herz klopfen.
„Es pocht wie ein Schmiedehammer!" meinte das Mädchen.
„Ja, aber erst, seitdem du danach gefühlt hast...", stammelte er. „So was Schönes wie dich hab ich überhaupt noch nicht gesehen. Ich möchte dir mein Herz schenken!"
„Darüber reden wir später!" sagte das Mädchen. „Jetzt hilf mir, Beeren zu pflücken!"
Im Herbst zogen sie beide zu seiner Mutter zurück. Die staunte nicht schlecht: Hänschen hatte sein Herz an die Herzallerliebste verschenkt, und dafür hatte sie ihm das ihre gegeben!

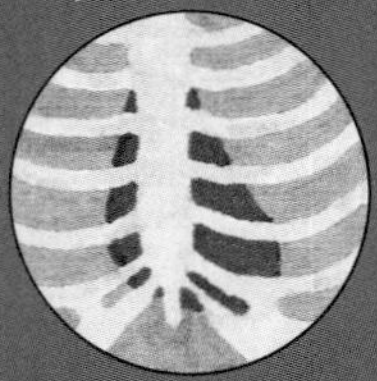

Habe ich ein Herz?

Herzschlag und Puls

Aufgeregt bist du, und das Herz schlägt bis zum Hals. Vor Freude hüpft es im Leib. Erschrickst du, scheint es still zu stehen. Alles, was du empfindest, ist mit dem Herzen verbunden.

Der Arzt benutzt zum Abhören des Herzens das Stethoskop, das erst vor etwa 200 Jahren erfunden wurde. Tausende Jahre aber fühlen Ärzte bereits den Puls, mit dem sich der Herzschlag wie eine Welle in den Blutgefäßen fortsetzt. Daran erkennen sie, ob und welcher Art ein Mensch krank ist.

Schon die Ärzte des alten China beherrschten diese Kunst. Vor knapp 2000 Jahren wurde der griechische Arzt Galen in Rom zu einer Patientin gerufen. Er untersuchte sie und stellte fest, daß ihr Herz höher schlägt und der Puls rast, wenn ein gewisser junger Mann das Haus betritt. Galen erklärte, daß die junge Frau nicht krank, sondern verliebt sei.

Vielfach haben Mediziner versucht, den Puls ihrer Patienten in Noten niederzuschreiben, um das, was sie fühlten, Kollegen und Studierenden mitzuteilen.

Krankenschwestern zählen mit einer kleinen Sanduhr den Puls 15 Sekunden lang. Multipliziert mit 4 errechnen sie, wie oft der Puls in der Minute schlägt, normalerweise zwischen 60 und 80 mal beim Erwachsenen. Bei Anstrengung, Fieber und manchen Krankheiten geht er schneller. Auch Kinder haben einen schnelleren Pulsschlag als Erwachsene.

Besuch des Arztes,
Frans van Mieris d.Ä.,
1657

Lege dein Ohr
an die Brust
eines anderen.
Versuche, den
Herzschlag
nachzuklopfen.

Der Blutkreislauf

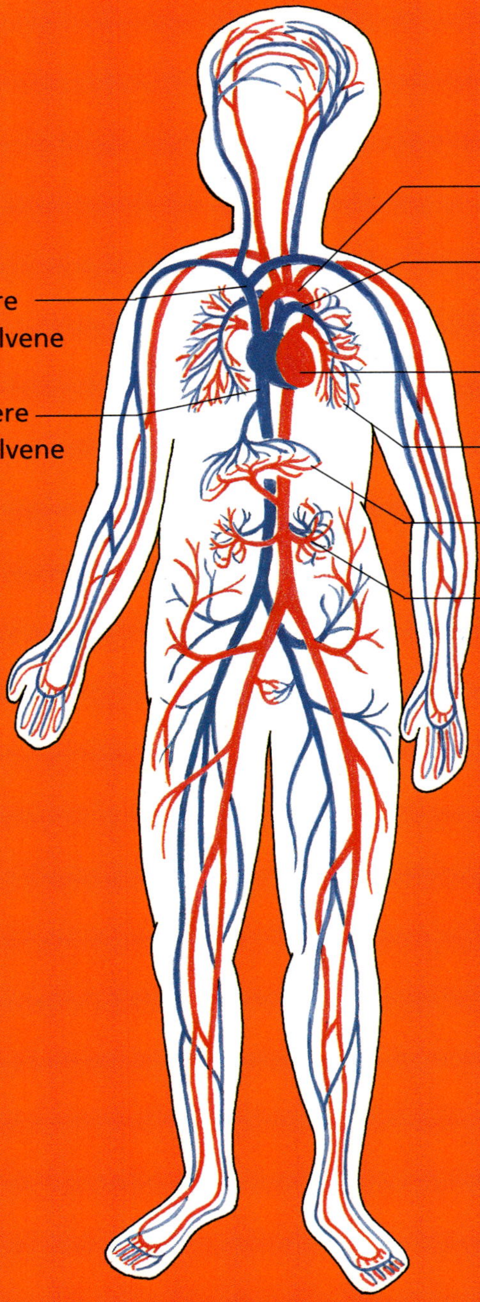

Begleiten wir das Blut durch den Kreislauf! Alle vom Herzen wegführenden Gefäße heißen Arterien, alle, die zum Herzen hinführen, Venen.

Wir beginnen in der linken Herzkammer und gelangen in die Aorta, die große Körperschlagader. Sie verteilt das sauerstoffreiche Blut in den Oberkörper, d.h. in Arme und Kopf, und in den Unterkörper, d.h. in die inneren Organe des Bauches und in die Beine. Immer mehr verzweigen sich die Arterien. In feinste Geflechte verästelt, gehen sie in die Kapillaren über. Diese zarten Blutgefäße durchfließen alle Gewebe, führen Sauerstoff und Nährstoffe heran und nehmen Kohlendioxid und Abfallprodukte auf.

Dann sammeln sie sich in immer stärker werdenden Venen, die schließlich in der oberen und unteren Hohlvene münden. Die Hohlvenen führen das verbrauchte Blut zum Herzen zurück, zunächst zum rechten Vorhof, dann in die rechte Kammer, und von dort gelangt es in die Lungen. Hier kann es Kohlendioxid abgeben und sich mit Sauerstoff anreichern. Die Lungenvenen leiten es dem linken Vorhof des Herzens zu. Von hier führt der Weg in die linke Kammer, und alles beginnt von vorn.

Das Pulsfühlen

Der rhythmische Blutausstoß des Herzens setzt sich in den elastischen Arterien als Druckwelle fort, die wir zum Beispiel spüren, wenn uns „das Herz bis zum Hals schlägt".
An etlichen Körperstellen kannst du den Puls fühlen. Das will allerdings gelernt sein; erschrick also nicht, wenn du bei dir oder anderen keinen Puls findest. Man legt die drei mittleren Fingerspitzen der rechten Hand mit sanftem Druck auf, bis man den Puls tastet:

1
an den Halsseiten, unterhalb des Kiefers oder vor dem Kopfbeugemuskel

2
an der zum Daumen hin liegenden Innenseite des Handgelenks

3
in der Leistenbeuge

4
auf dem Fußrücken

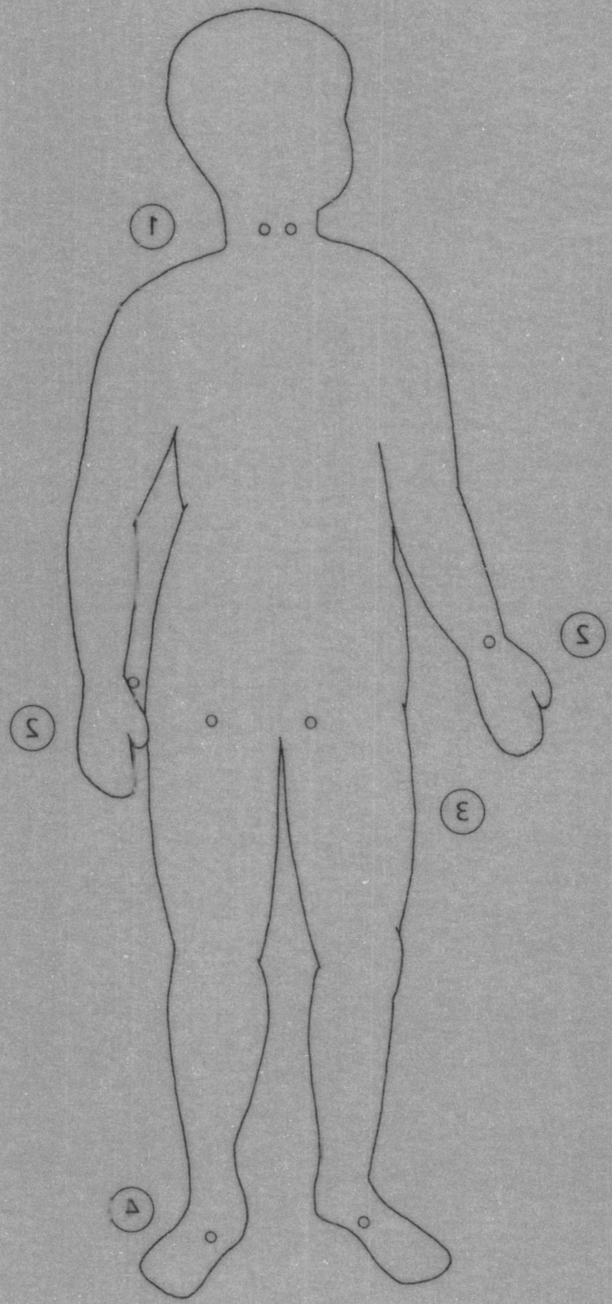

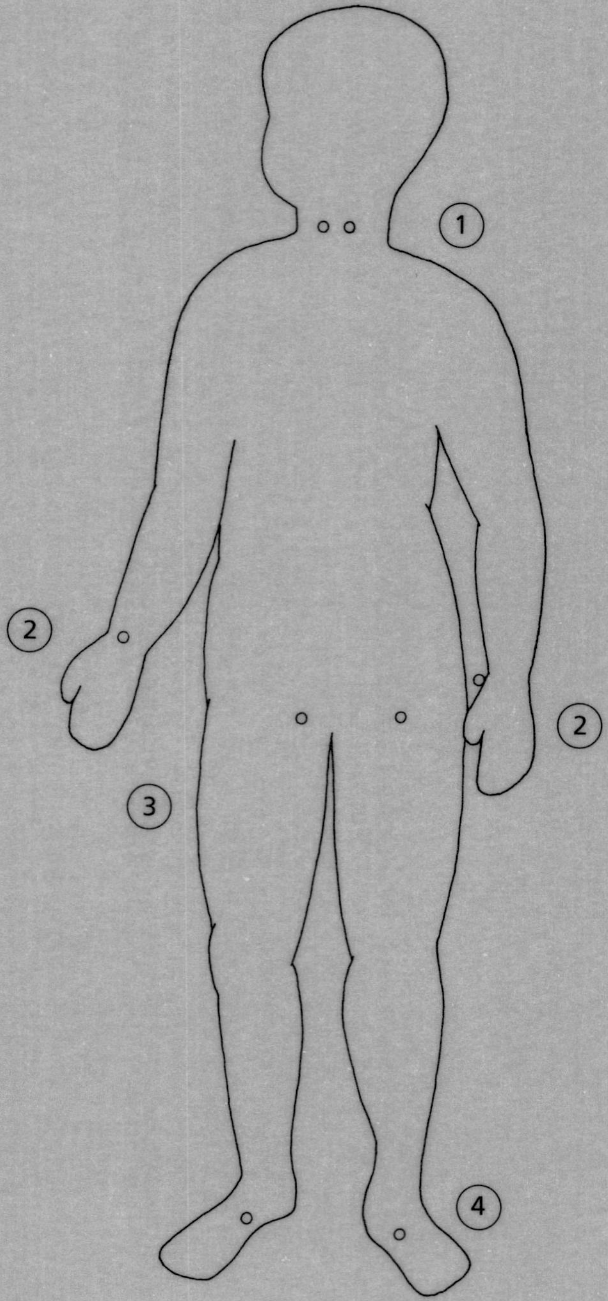

Das Pulsfühlen

Der rhythmische Blutausstoß des Herzens setzt sich in den elastischen Arterien als Druckwelle fort, die wir zum Beispiel spüren, wenn uns „das Herz bis zum Hals schlägt".
An etlichen Körperstellen kannst du den Puls fühlen. Das will allerdings gelernt sein; erschrick also nicht, wenn du bei dir oder anderen keinen Puls findest. Man legt die drei mittleren Fingerspitzen der rechten Hand mit sanftem Druck auf, bis man den Puls tastet:

1
an den Halsseiten, unterhalb des Kiefers oder vor dem Kopfbeugemuskel

2
an der zum Daumen hin liegenden Innenseite des Handgelenks

3
in der Leistenbeuge

4
auf dem Fußrücken

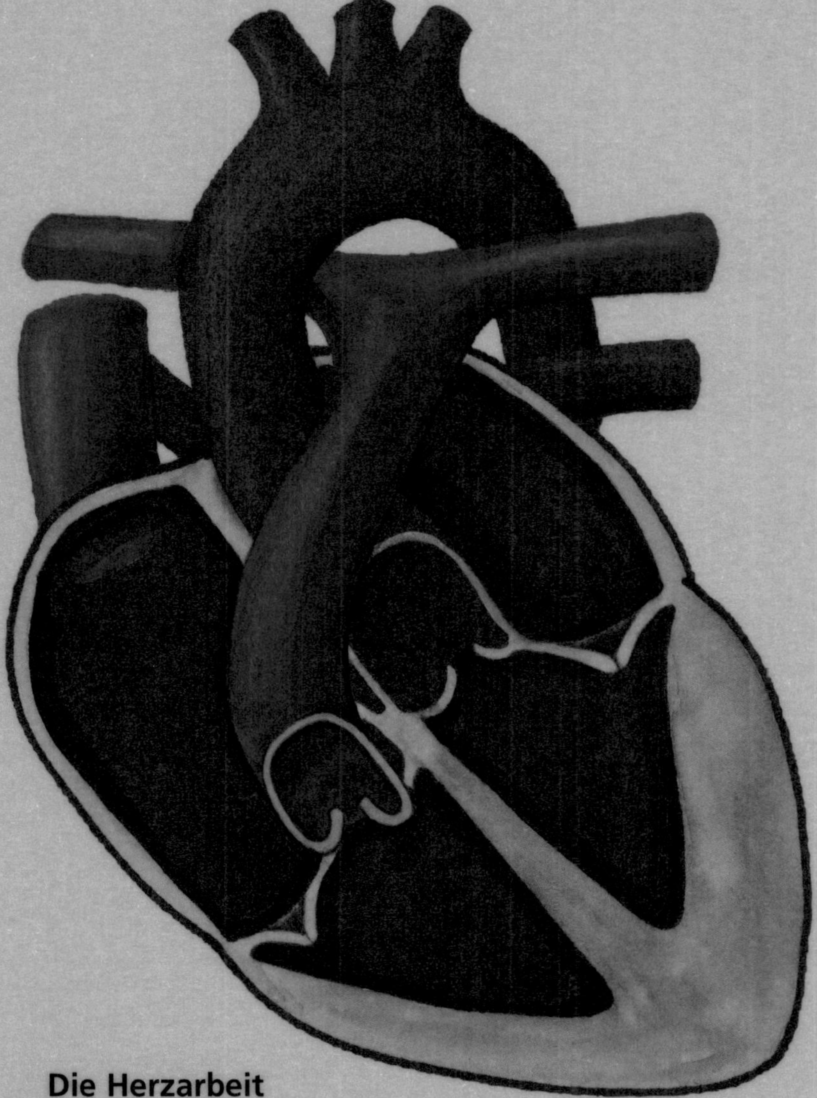

Die Herzarbeit

In der *Systole* sind die Vorhöfe schlaff geweitet und lassen Blut aus dem Körper- und aus dem Lungenkreislauf ein. Die Segelklappen zu den Kammern hin sind geschlossen. Zu diesem Zeitpunkt nämlich ziehen sich die Kammern gerade zusammen und treiben das Blut durch die geöffneten Halbmondklappen in die Lungen- und Körperschlagader aus. In die Vorhöfe darf dabei nichts zurückfließen.

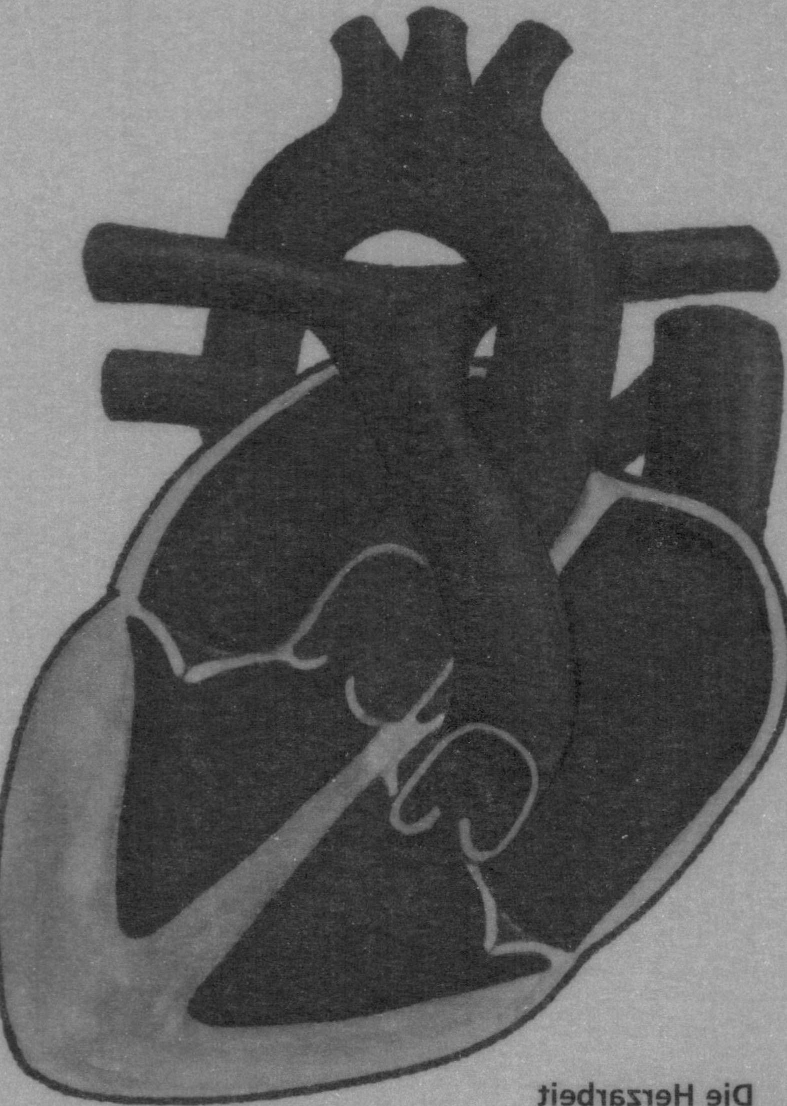

Die Herzarbeit

In der Systole sind die Vorhöfe schlaff geweitet und lassen Blut aus dem Körper- und aus dem Lungenkreislauf ein. Die Segelklappen zu den Kammern hin sind geschlossen. Zu diesem Zeitpunkt nämlich ziehen sich die Kammern gerade zusammen und treiben das Blut durch die geöffneten Halbmondklappen in die Lungen- und Körperschlagader aus. In die Vorhöfe darf dabei nichts zurückfließen.

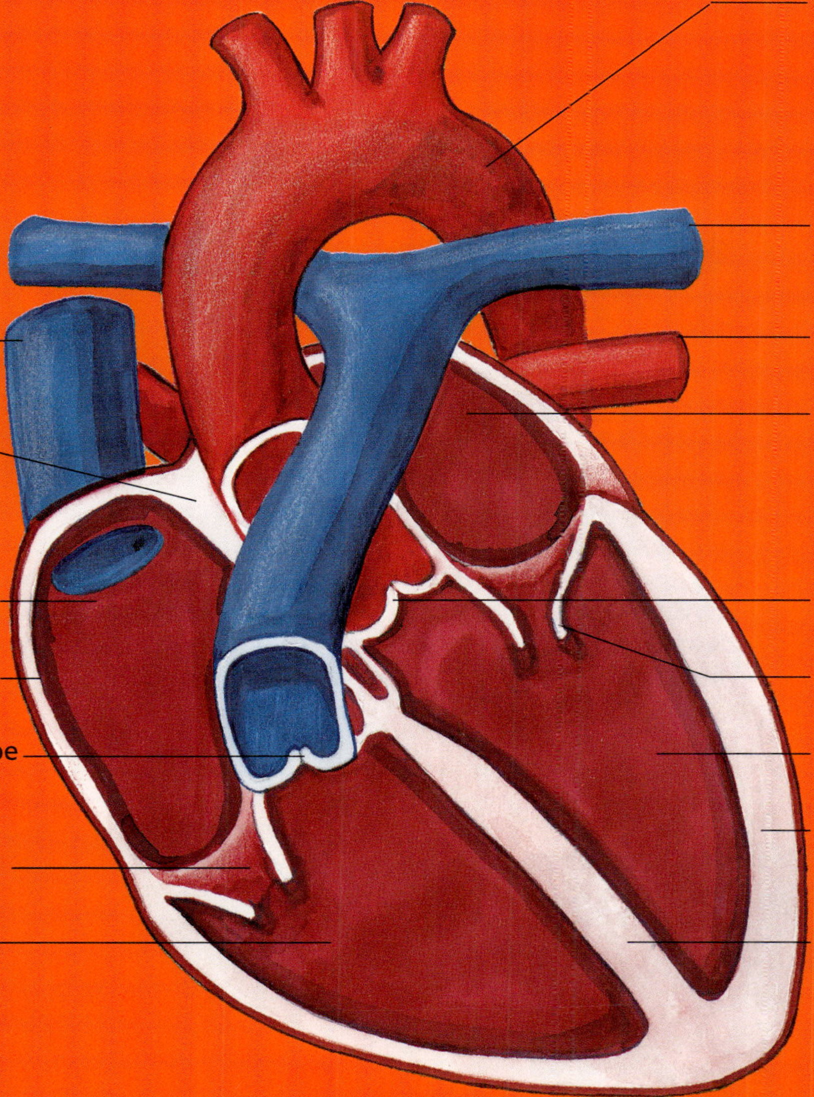

Wenn die *Diastole* beginnt, werden die Halbmondklappen zwischen den Kammern und den Schlagadern geschlossen. Die Segelklappen zwischen Vorhöfen und Kammern dagegen öffnen sich, und die Vorhöfe lassen das Blut in die schlaffen, aufnahmefähigen Kammern. Sind sie gefüllt, schließen sich die Segelklappen wieder und versperren den Rückfluß zu den Vorhöfen.

Das Herz wird untersucht

Abhören (Auskultation)

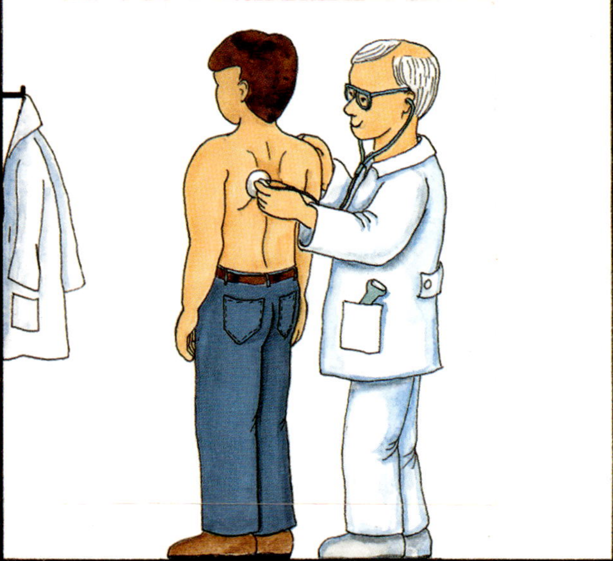

EKG (Elektrokardiogramm)

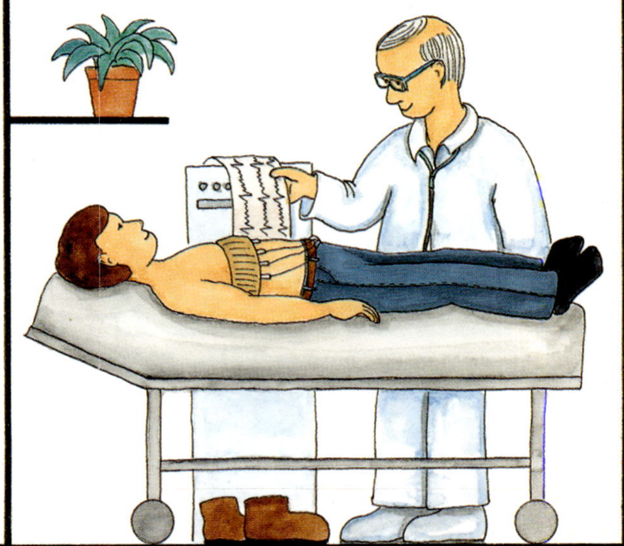

Ultraschall (Echokardiogramm)

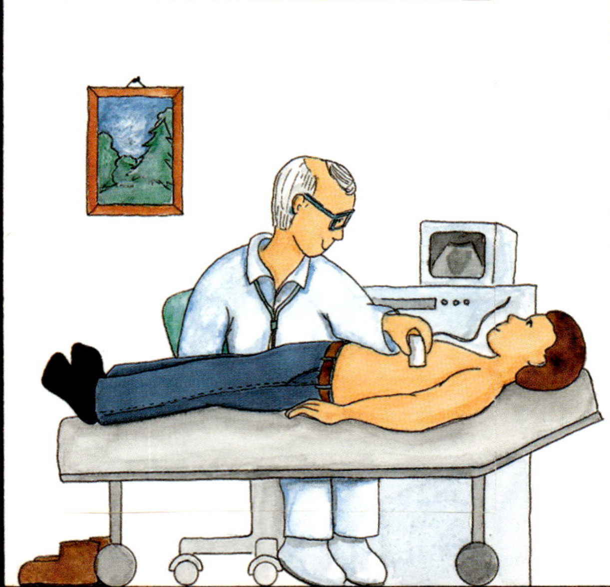

Röntgen

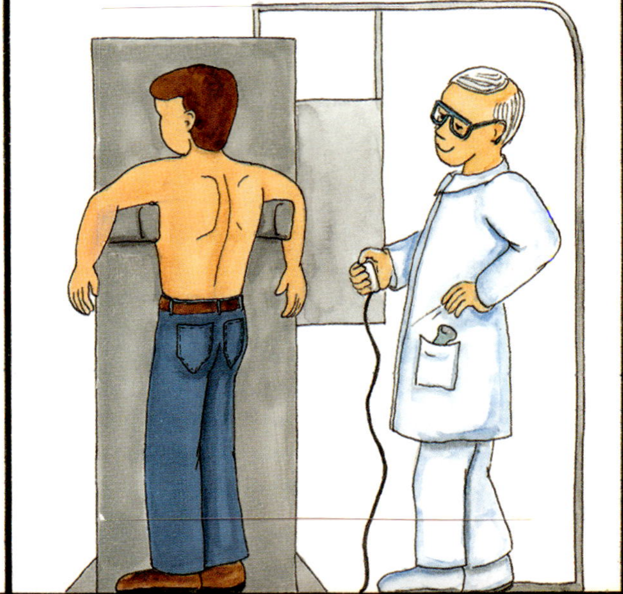

Der fröhliche Prinz von Yxness

Jette hütete die Schafe am Königshof von Yxness. Sie verliebte sich in den Prinzen, weil er so herzlich lachen konnte.
Eines Tages ritt der Prinz vorbei: „Tag, Jette! Wie geht´s?" „Gut!" sagte Jette, „denn ich werde dich heiraten!"
Der Prinz lachte nur und ritt weiter.
Nach drei Wochen kam er zurück und sagte zu Jette: „Bald wirst du meine Braut sehen!" Wirklich kam eine Kutsche hinter vier Pferden mit einer bezaubernden Prinzessin gefahren. Jette grüßte, und die Prinzessin ließ halten.
„He du!" sagte sie. „Der Prinz lacht immer so albern – ist er sehr hinter den Weibern her?"
„Nicht daß ich wüßte", sagte Jette. „Aber fröhlich ist er schon. Und er hat einen bunten Vogel. Der schaut ins Herz!"
„Pah!" rief die Prinzessin und gab das Zeichen weiterzufahren. Am Hofe gab es einen großen Empfang, alle fanden die Prinzessin wunderbar, auch die Eltern waren mit der künftigen Schwiegertochter zufrieden. Als aber der Prinz ins Bett ging, sprach der bunte Vogel: „Sie ist sehr hübsch, sehr zänkisch, sehr eifersüchtig!"
Der Prinz dachte nach und sagte: „Gut. Dann schicken wir sie weg. Einen winzig kleinen Zweifel hatte ich auch!"
Die Prinzessin fuhr wütend ab.
Nach einem halben Jahr ritt der Königssohn wieder an Jette vorbei: „Sei gegrüßt! Geht es dir gut?" „O ja!" sprach Jette, „denn ich werde dich heiraten!"
Der Prinz lachte nur und ritt weiter.
Nach drei Wochen kam er zurück und sagte zu Jette: „Bald kommt meine Braut!" Kurz darauf zerrten acht Pferde eine prächtige Kalesche mit einer wunderschönen Prinzessin den Berg hinan. Sie erblickte Jette und ließ halten.
„He du!" sagte sie. „Der Prinz lacht immer so albern – er ist wohl ein wenig einfältig, nicht?"
„Kann ich nicht sagen", sagte Jette. „Aber meistens ist er fröhlich, das stimmt! Und er hat einen bunten Vogel. Der schaut ins Herz!"
„Pah!" rief die Prinzessin und gab das Zeichen weiterzufahren.
Wieder gab es am Hofe ein Fest. Als aber der Prinz ins Bett ging, sprach der bunte Vogel: „Sie ist sehr schön, sehr eitel und sehr eingebildet!"
„Du hast aber eine scharfe Zunge!" rief der Prinz. Er dachte nach und sagte schließlich: „Gut. Schicken wir sie weg. Einen winzig kleinen Zweifel hatte ich auch!"
Da fuhr die Prinzessin zornig nach Hause.
Nach sechs Monaten kam der Prinz wieder durch die Wiese geritten und grüßte gnädig: „Tag, Jette! Wie geht´s?" „Gut!" sagte Jette, „denn ich werde dich heiraten!"
Der Prinz lachte nur und ritt weiter.
Nach drei Wochen kam er und sagte zu

Jette: „Bald wird meine Braut kommen!“ Wirklich kam ein paar Tage später eine Kutsche gefahren, davor waren sechzehn Pferde gespannt. Die Prinzessin darin lächelte fast wie der Prinz. Jette grüßte, und die Prinzessin ließ halten

„He du!“ sagte sie. „Der Prinz lacht immer so albern – dem kann man doch ein X für ein U vormachen!“

„Kann ich nicht beurteilen“, sagte Jette. „Aber fröhlich ist er, und er kennt keine Lügen!“

„Dacht´ ich mir´s“, lächelte die Prinzessin. „Er wird mich bestimmt heiraten!“

„Du mußt noch etwas wissen!“ rief Jette. „Er hat einen bunten Vogel. Der schaut ins Herz!“

„Darauf bin ich nicht gefaßt“, erschrak die Prinzessin. „Einen bunten Vogel ... Hm, hm. Ich hab´s. Wir tauschen. Ich geb dir meine Kleider und bleibe an deiner Stelle hier. Und wenn du zurückkommst, dann tauschen wir wieder!“ Da war Jette sofort dabei. Die andere aber hütete inzwischen die Schafe.

Alle Welt war zu einem Fest im Park zusammengeströmt. Das Königspaar und seine Gäste zeigten sich von der Prinzessin Jette sehr beeindruckt, am meisten aber der Prinz. Er tanzte jeden Tanz mit ihr. Als er dann ins Bett ging und der bunte Vogel den Mund auftat, rief der Prinz: „Halt den Schnabel! Ich heirate sie! Sie hat mein Herz erobert!“

„Sie wird dich und das Land glücklich machen!“ sagte der bunte Vogel. „Sie hat eine Seele, die ist klar wie Quellwasser, einen Verstand wie das helle Licht und schön ist sie obendrein! Und von dir laß ich mir den Schnabel noch lange nicht verbieten!“

Am nächsten Tag verabschiedete sich die vermeintliche Prinzessin. Der Prinz schob ihr heimlich einen goldenen Zopfhalter in ihr Haar. Vor dem Tor aber wartete schon die andere Prinzessin, ließ sich alles berichten und sagte: „Na bitte! Hat doch gut geklappt!“ Und sie fuhr ab.

Nach einem Monat ritt der Prinz los, die Braut heimzuholen, und kam an Jette vorüber.

„Na, Jette, geht´s gut?" fragte der Prinz.

„Gut“, antwortete Jette. „Aber richtig gut geht´s mir erst, wenn ich dich geheiratet habe!“

„Ich bin schon vergeben“, sagte der Prinz und stockte plötzlich. „Ich weiß!“ sagte Jette. „Diesmal soll es die Richtige sein!“

„Jette!“ sprach der Prinz. „Würdest du mich mal ansehen?“

Jette hob den Kopf, so daß das Sonnenlicht ihr ins Gesicht fiel.

„Jette!“ sprach der Prinz, und das Herz stockte ihm, „dreh dich mal um!“ Da sah er den goldenen Zopfhalter, sprang vom Pferd und schloß sie in seine Arme.

„Jette!“ fragte er. „Würdest du mich wirklich heiraten?“

„Das wollte ich immer schon!“ sagte Jette. Und beide gaben sich einen herzhaften Kuß.

Wie groß ist mein Herz?

Löwen-, Ochsen- und Hasenherz

Das Herz wächst mit dem Menschen mit – beim Baby ist es klein, beim Erwachsenen viel größer.

Wenn Sportler trainieren, wächst ihr Herzmuskel. Er kann dann mit einem Schlag mehr Blut ausstoßen.

Im allgemeinen paßt das Herz eines Tieres zu seiner Größe, und keiner wird darüber staunen, wenn Mäuse ein kleines und Elefanten ein großes Herz haben. Auch sind die Herzen verschieden gebaut, je nachdem, was das Tier „arbeitet“. Das Herz eines Zugvogels zum Beispiel, der Tausende Kilometer fliegen muß, schlägt schnell und versorgt sich selbst besonders gut mit Blut.

Der Löwe hat natürlich ein großes Herz, so groß, daß Stärke und Mut darin Platz finden. Deswegen gilt er als König der Tiere. Stark und mutig kämpfte auch König Richard I. von England. Vor etwa 800 Jahren besiegte er im dritten Kreuzzug den Sultan Saladin. Seitdem nannte man ihn Richard Löwenherz.

Des Hasen Herz ist dagegen klein. Er kämpft nicht mutig, wenn Gefahr droht, sondern stellt sich tot oder sucht Haken schlagend schnell das nächste Versteck zu erreichen. Vielleicht ist das auch vernünftiger, wenn man keine scharfen Zähne und Krallen hat. Nicht jeder furchtsame Mensch ist also ein Angsthase und hat ein Hasenherz!

Balle deine Faust.

So groß etwa ist das

Herz in deiner Brust.

Schließlich gibt es noch das Ochsenherz, womit nicht etwa das Herz eines Ochsen oder eines besonders dummen Rindviehs gemeint ist. Ein Ochsenherz – oder lateinisch Cor bovinum, wie sich die Ärzte vornehm ausdrücken – bezeichnet das kranke Herz eines Menschen, das sich riesig vergrößert hat und starke Beschwerden bereiten kann.

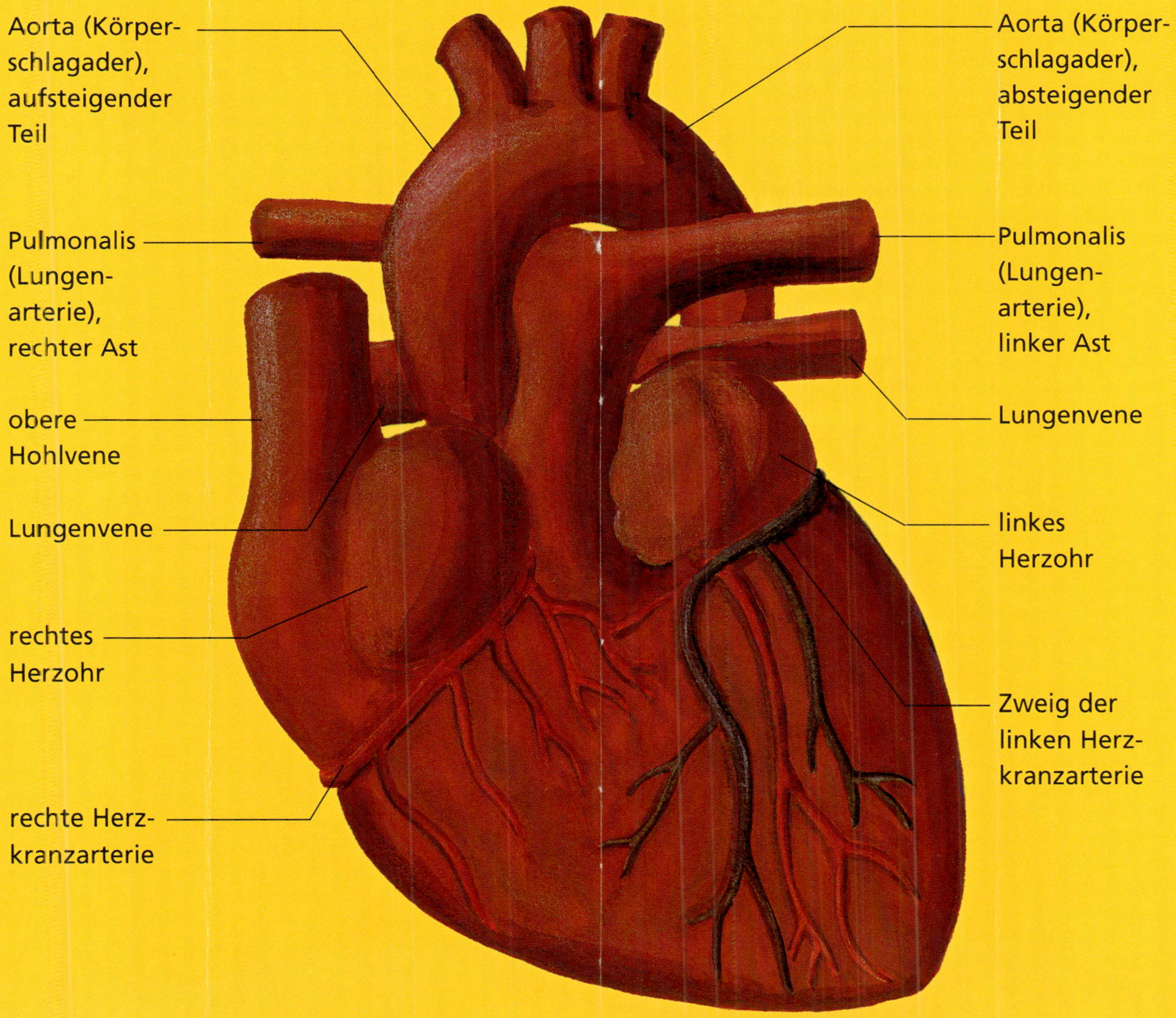
Aorta (Körperschlagader), aufsteigender Teil
Pulmonalis (Lungenarterie), rechter Ast
obere Hohlvene
Lungenvene
rechtes Herzohr
rechte Herzkranzarterie
Aorta (Körperschlagader), absteigender Teil
Pulmonalis (Lungenarterie), linker Ast
Lungenvene
linkes Herzohr
Zweig der linken Herzkranzarterie

Der alte Hund

Es war einmal eine schöne Königstochter. Viele Freier kamen, aber keinem gab sie ihr Wort. Ihr Vater wurde ungeduldig.
„Du hast den reichsten Prinzen in unserer Nachbarschaft abgelehnt", sprach er. „Neulich hast du einen Kriegshelden weggeschickt. Wie soll das weitergehen?"
„Ich will nicht den Reichsten, nicht den Streitbarsten, sondern den Freundlichsten!" erwiderte seine Tochter.
„So soll es sein!" sagte der König. „In vier Wochen gebe ich ein Fest, da kannst du wählen!"
An diesem Tag war der Park schwarz von Grafen, Prinzen und Königen. Die Prinzessin schlenderte von einem zum anderen und sprach unverbindliche Worte. Hinter ihr her aber tapste ein alter, staubiger Hund. Manchmal kraulte sie ihn, und er blickte sie aus bernsteinfarbenen Augen an.
Das Fest ging auf Mitternacht zu, als der Vater fragte: „Hast du nun einen Mann gefunden?"
Die Tochter schüttelte den Kopf. „Laß mir Zeit, Vater", meinte sie. „Er wird schon noch kommen!"
Aber der Vater war wütend: „Er ist schon da. Die ganze Zeit ist er hinter dir hergelaufen, hat kein Auge von dir gelassen und dir die Hand geleckt. Ich befehle dir, diesen alten staubigen Hund zu heiraten!"

Am nächsten Tag wurden sie getraut. Dann standen sie vorm Tor der Königsburg. Der Köter sah die Prinzessin an und trabte los. Sie lief hinterdrein. Am Abend erreichten sie eine Hütte im Wald. Hier konnte der Hund plötzlich sprechen: „Ich liebe dich sehr. Wenn Du Geduld hast, wird alles gut. Nur eines mußt du mir versprechen: Sieh nachts nie nach mir!"
Die Prinzessin war einverstanden. An diesem und am nächsten Tag war sie müde und schlief wie ein Murmeltier. Tagsüber ging der Hund aus dem Haus, abends kam er und brachte in einem Korb allerlei zu essen und zu trinken. In der dritten Nacht wachte die Prinzessin auf und dachte: Jetzt siehst du dir deinen Ehemann an!
Sie entzündete eine Kerze und beugte sich hinüber. Dort aber lag ein wunderschöner junger Prinz mit langen schwarzen Locken und einem edlen Gesicht. In seinem Nachthemd war eine Krone eingestickt.

Zwei Stunden betrachtete sie den Schlafenden und verliebte sich in ihn. Dann war die Kerze heruntergebrannt und versengte ihr die Finger. Sie zuckte, und ein Wachstropfen fiel auf sein Gesicht. Er öffnete die bernsteinfarbenen Augen, sah sie an, und eine Träne rollte über seine Wange.
„Unter vielen hab ich nach dir gesucht. Nun ist alles vorbei. Ich bin verzaubert und werde nur erlöst, wenn ich eine Frau finde, die mir vertraut. Du hast es nicht getan. Leb wohl!"
Mit einemmal war er wieder ein staubiger alter Hund, der aus der Stube lief.
Da wurde ihr das Herz schwer, und sie klagte sich an, daß sie nicht auf ihn gehört hatte.
Schließlich beschloß sie, ihren Liebsten zu suchen. Sie streifte durch Felder und Wälder und fragte jedes Tier, ob es einen alten staubigen Hund gesehen hätte.
„Ja", maunzte ein dicker Kater, „ich weiß sogar, wo er ist. Aber du mußt mir dafür zu Willen sein. Wenn nicht, werde ich dein Gesicht zerkratzen!"
„Scher dich zum Teufel, Kater", rief sie. „Ich find meinen alten Hund auch alleine. Mein Gesicht wirst du mir nicht zerkratzen. Ich habe selber Krallen!" Sie zeigte ihm ihren Dolch, den jede Prinzessin im Gürtel trägt. Da riß der Kater aus.
Weiter lief sie, die Tannennadeln zerstachen ihr Gesicht. Im Dickicht tauchte ein Bär auf. „Hast du vielleicht einen alten staubigen Hund gesehen?" fragte sie.
„Ja", sagte der Bär, „zu dem kann ich dich bringen, aber nur, wenn du mir zu Willen bist! Wenn nicht, werde ich dich auffressen!"
„Da mußt du dir schon eine andere suchen!" rief die Prinzessin. Sie zeigte ihm den Stahl. Der Bär riß aus.
Weiter lief sie und kam an ein Gebüsch. Sie war müde und wollte sich schlafen legen. Da sprang ein Löwe hervor und sprach: „Sag, was dich umtreibt, oder ich freß dich!"
„Ich such meinen Allerliebsten, einen staubigen alten Hund. Hast du ihn nicht gesehen?" fragte die Prinzessin.
„Aber ja", rief der Löwe. „Ich will dich auch hinführen, nur mußt du mir zu Willen sein!"
„Das hier wird dein letzter Wille!" erwiderte die Prinzessin, hob den Dolch und stach zu. Da verwandelte sich der Löwe in einen staubigen alten Hund. Sie fiel ihm um den Hals, doch plötzlich hatte sie einen Prinzen mit sanften Augen im Arm.
Der sprach: „Nun bin ich erlöst. Ich danke dir für deine Geduld und deine Treue!" Sie gingen zurück zur alten Hütte.

Dort aber stand jetzt ein wunderschönes Königsschloß. Sie zogen ein und gaben ein großes Fest.

Wie schwer ist mein Herz?

Das Herz als Zeuge vor Gericht

Der Tod, so meinten schon die alten Ägypter, sei nur der Übergang in ein neues, besseres Leben. Die Erbauer der Pyramiden stellten sich vor etwa 2000 bis 5000 Jahren das ewige Leben nicht im Himmel, sondern in einem Reich unter der Erde vor. Totenbücher aus mehrere Meter langen, beschriebenen und bemalten Papyrusrollen unterrichteten die Menschen, was dort mit ihnen geschehen werde.

Ob ein Toter das ewige Leben erreicht oder nicht, entscheidet eine Waage. Auf der einen Schale liegt das Herz. Wie ein Gefäß, in das etwas eingefüllt werden kann, stellten die Ägypter es dar. Auch das Gewissen hat dort Platz. Wie ein Fremder kann das Herz zu seinem Besitzer sprechen und später beim Totengericht für oder gegen ihn aussagen. Auf der anderen Schale sieht man eine Feder, das Zeichen der Ma'at, der Göttin der gerechten Ordnung.

Untier

Bei vielen Erwachsenen, besonders älteren Menschen, sind Herz oder Kreislauf krank. Zuweilen geraten sie in Lebensgefahr und brauchen dringend die Hilfe eines Arztes. Du kannst ihn herbeiholen, wenn der

Erste Hilfe

Pauls Oma

Pauls Eltern arbeiten beide. Nach der Schule geht er deswegen täglich zur Oma.
Heute war ein schlimmer Tag in der Schule. Eine Arbeit wurde geschrieben, und dann hat er sich noch mit seinem Freund Wolfgang gestritten.
Nun steht er vor Omas Tür. Dreimal hat er schon geklingelt, aber sie öffnet nicht. Auch lautes Klopfen und Rufen hilft nicht. Er geht ums Haus, zieht sich hoch und schaut durch das geöffnete Schlafzimmerfenster. Oma liegt auf dem Boden und rührt sich nicht.

Wolfgangs Opa

Wolfgangs Oma ist verreist. Es wird dem Opa vielleicht langweilig sein, denkt der Junge, ich werde ihn besuchen. Der Opa kommt Wolfgang gleich irgendwie anders vor, nicht so lustig wie sonst. Opa erzählt ihm, daß er seit Tagen immer wieder starke Schmerzen in der Brust hat. Auch der linke Arm tut weh, und bis in den Hals zieht es.
Sie trinken zusammen Kaffee. Plötzlich faßt sich Wolfgangs Opa an die Brust, stöhnt vor Schmerzen. Sein Gesicht wird blaß und aschgrau. Angst steht darin geschrieben. Kalte Schweißperlen treten auf Stirn und Lippen. Er atmet schnell und stoßweise und will am Fenster frische Luft schnappen. Auf dem Weg dorthin taumelt er, fällt in einen Sessel und bleibt keuchend sitzen.

Wiederbelebungsmaßnahmen sind notwendig, wenn Herz und Atmung stillstehen.

Das Gehirn nimmt nach wenigen Minuten Schaden, wenn es nicht mehr mit Blut versorgt wird.

Deswegen ist Hilfe schon bis zum Eintreffen des Arztes wichtig.

Wiederbelebung einzuleiten, ist nicht einfach; die Handgriffe sollten in einem Erste-Hilfe-Kurs erlernt und geübt werden.

Wer muß wiederbelebt werden?

1. Der Kranke ist **bewußtlos**: Er scheint zu schlafen und ist durch lautes Rufen und Rütteln nicht zu wecken.

2. Er **atmet nicht**: Der Helfer hält den Handrücken vor Mund und Nase des Kranken und spürt keinen Hauch.

Die Beatmung

Den Kranken auf den Rücken lagern, beengte Kleidung öffnen, Mundhöhle von Schmutz, Blut, Erbrochenem oder Zahnersatz säubern.

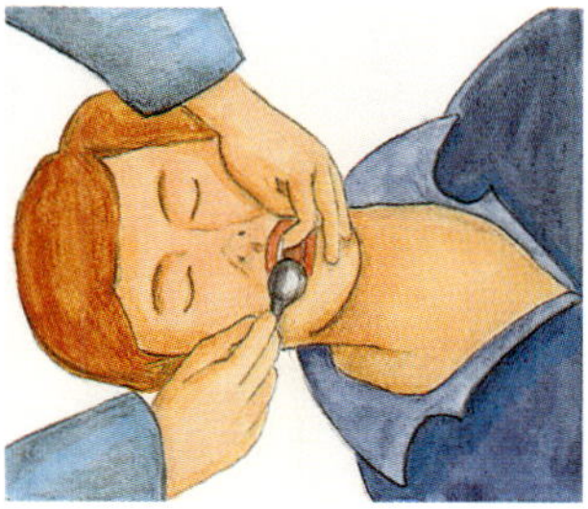

Bei flacher Lagerung sinkt die Zunge zurück und verschließt die Luftwege. Deshalb wird der Kopf vorsichtig überstreckt.

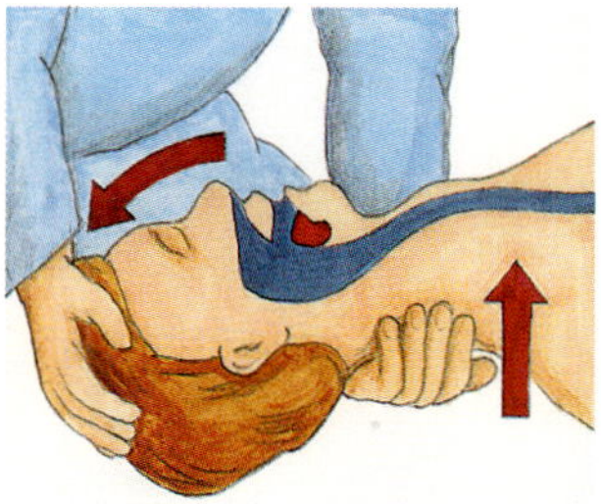

Die Lagerung wird mit einer unter den Hals geschobenen Decke oder einem anderen weichen Gegenstand stabilisiert.

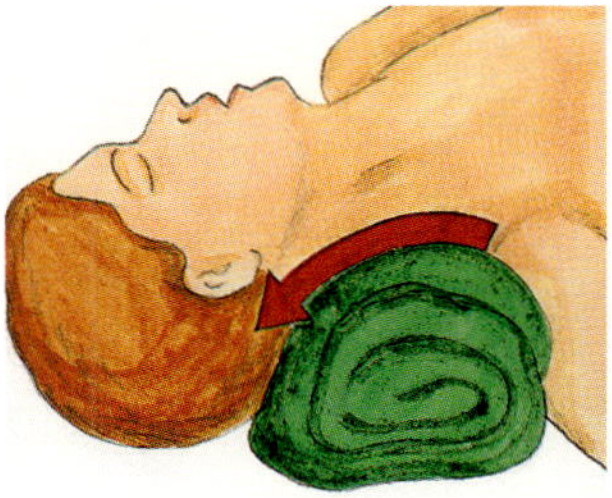

Mund-zu-Mund-Beatmung: Der Helfer atmet ein, drückt seinen Mund auf den Mund des Kranken, klemmt ihm die Nase zu und atmet aus. Hebt sich der Brustkorb des Kranken, löst er seinen Mund, holt tief Luft und beginnt von vorn.

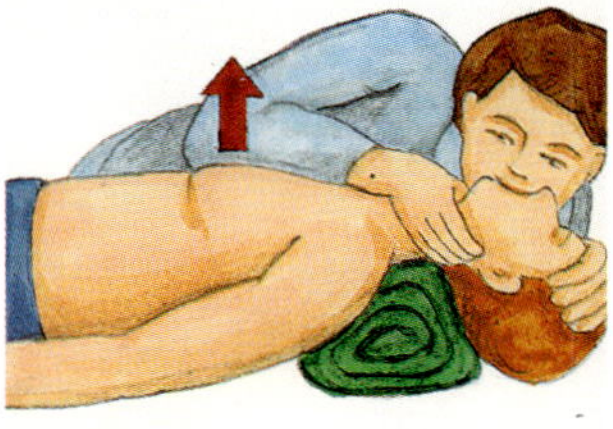

Nun wird das Herz verhört. Viele böse Taten werden aufgezählt, und das Herz des Toten muß bestätigen können, daß solche Sünden nicht geschehen sind. In diesem Fall kommt die Waage ins Gleichgewicht, der Tote darf vor die Götter treten und wird unsterblich. Muß das Herz aber bezeugen, daß der Tote Schuld auf sich geladen hat, sinkt die Waage, und ein Untier vernichtet ihn.

Das aber geschah kaum; die Ägypter sorgten vor. Nach dem Tod ließen sie sich einen Skarabäus auf die Brust legen. Dieser Käfer, aus Stein gefertigt, beschwor das Herz, beim Totengericht Gutes zu sprechen.

Herzwaage

Herz des Toten

Feder der Ma´at

Gott Osiris, der Totenrichter

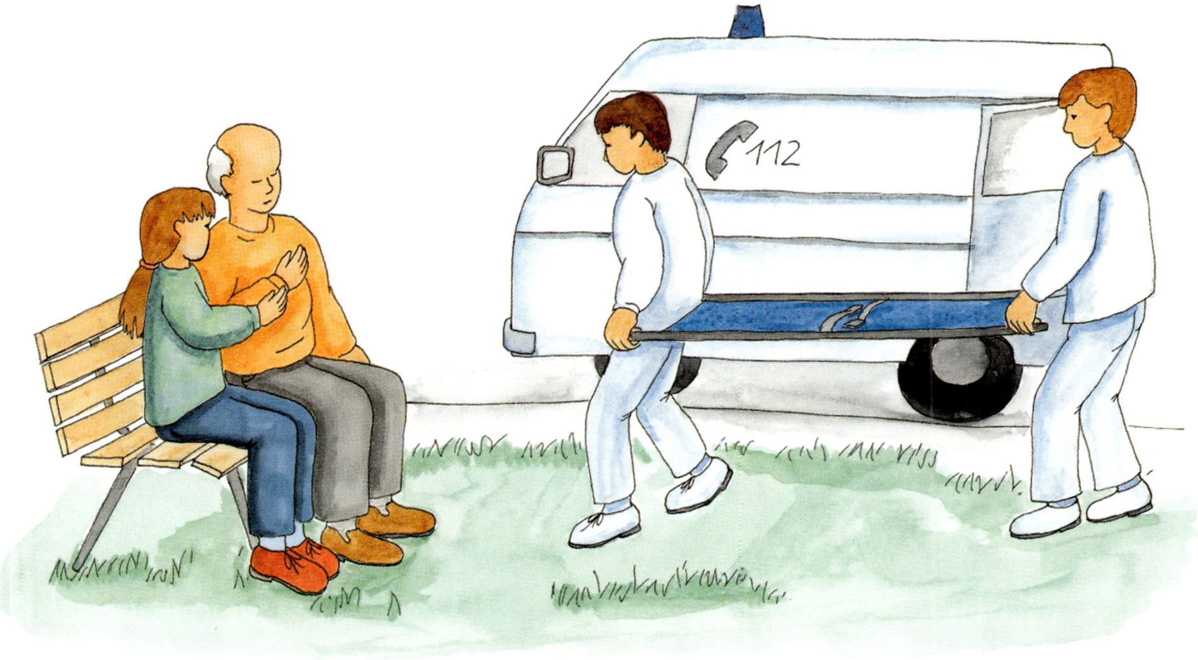

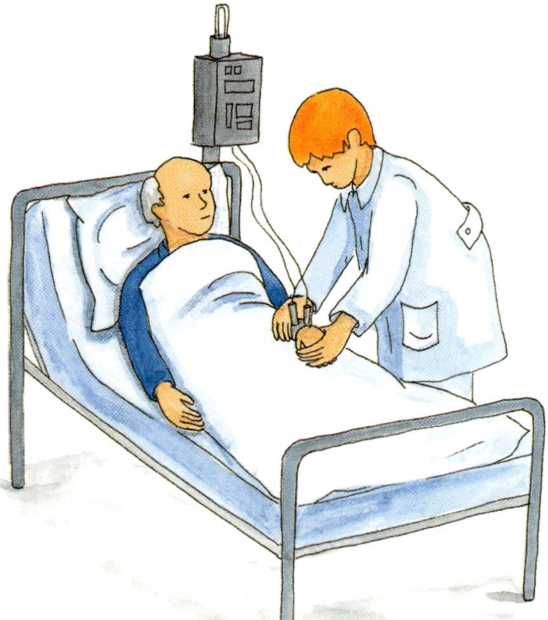

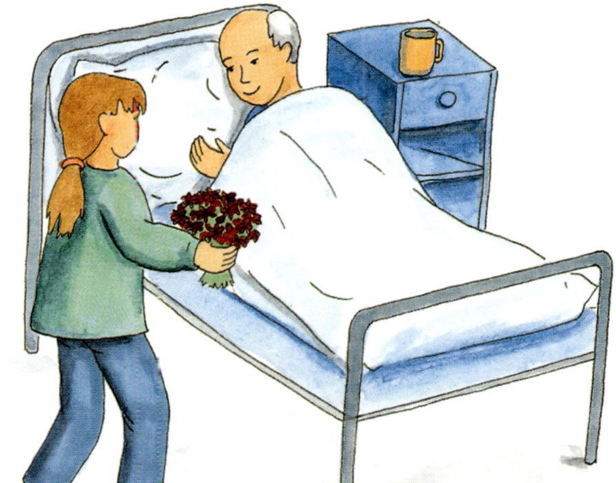

Kranke es selbst nicht vermag. Bis er kommt, kannst du Nützliches tun. Es ist gut, sich solch eine Situation einmal in Ruhe zu durchdenken, selbst wenn alle Angehörigen gesund sind. In der Not ist man dann gewappnet.

Bezwinge deinen Schrecken, jetzt kommt es auf dich an.

Versuche, Hilfe durch Erwachsene zu bekommen!
(Menschen auf der Straße, Nachbarn)

Geht das nicht sofort, mußt du selbst einen Arzt rufen.

Wenn du keinen Arzt kennst, dann wähle die Notrufnummer.
Die Notrufnummer ist nicht in allen Ländern gleich. Frage deine Eltern, Freunde oder Bekannte, wie die Nummer bei euch lautet und ob du in einer Telefonzelle für einen Notruf Geld brauchst. Schreib dir die Nummer in diesem Kasten auf und lerne sie auswendig.

Du sagst deinen Namen, dann wer sehr krank ist (z.B. dein Opa, Nachbar). Nenne den **Namen**, das **Alter** und die **Beschwerden des/der Kranken** bzw. **was du beobachtet hast.**

Nenne Straße und Hausnummer, wo der/die Kranke zur Zeit ist. Wenn der Weg schwer zu finden ist, beschreibe ihn (etwa gegenüber einer Schule, einer Kaufhalle usw.).

Lege den Hörer erst auf, wenn dir zugesagt worden ist, daß jemand kommt.
Auf das folgende Telefonat zum Beispiel wird der Kranke keine Hilfe erhalten können: „Hallo, kommen Sie mal, mein Opa liegt so komisch da." Auflegen.
Der Arzt weiß nicht, wohin und zu wem er fahren soll...

Sorge dafür, daß der Arzt den Weg schnell findet, schalte zum Beispiel Haus- und Hoflicht ein, wenn es dunkel ist, und schließe die Haustür auf.

Dann gehst du wieder zurück zum Kranken und bleibst bei ihm, bis der Arzt kommt.
Erfülle die Wünsche des Kranken: Kragen öffnen, Fenster öffnen, bequemer hinsetzen oder -legen.

Die Herzmassage

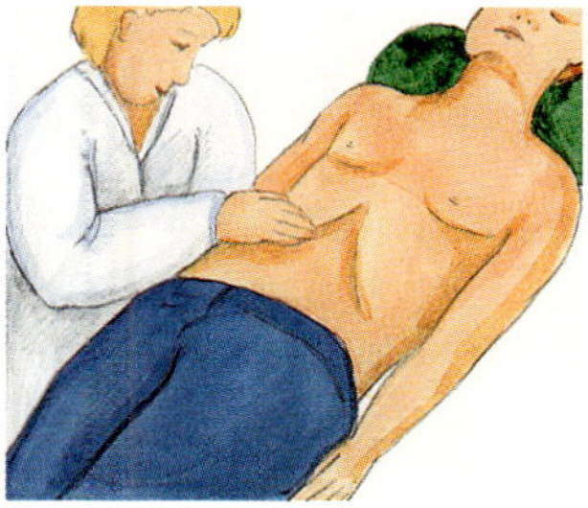

Rippenbogen nach oben bis zum Winkel abtasten.

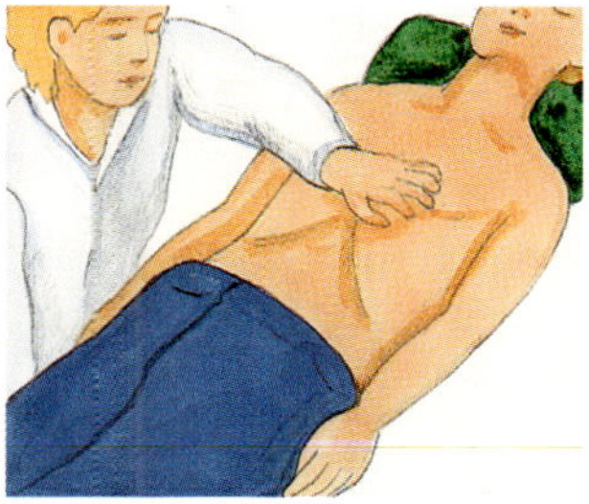

Brustbein abtasten und Handballen mit nach oben gespreizten Fingern auf das untere Drittel des Brustbeins legen, aber nicht auf den Schwertfortsatz.

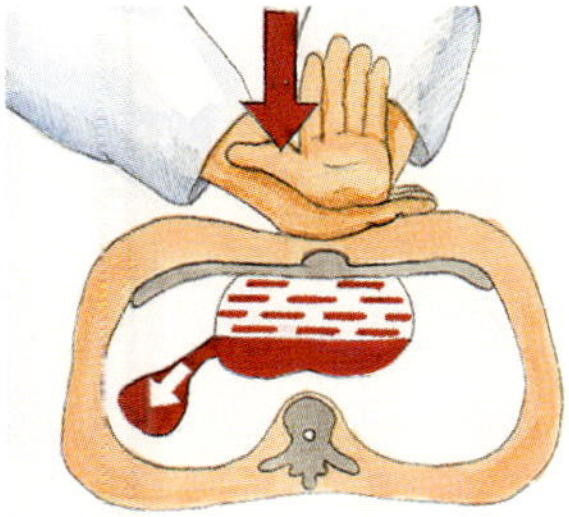

Zweite Handwurzel auf die zuerst aufgelegte Hand legen. Brustbein zunehmend stark, nicht plötzlich, unter Krafteinsatz etwa 4 cm nach unten drücken.

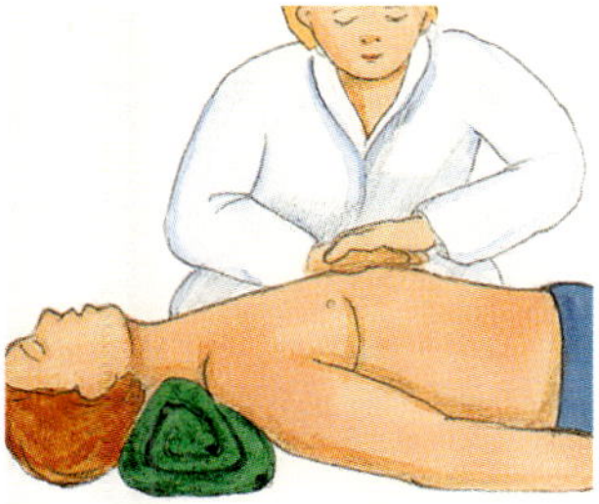

Druck nachlassen und den Vorgang 60 mal je Minute wiederholen, eine Massage dauert eine Sekunde.

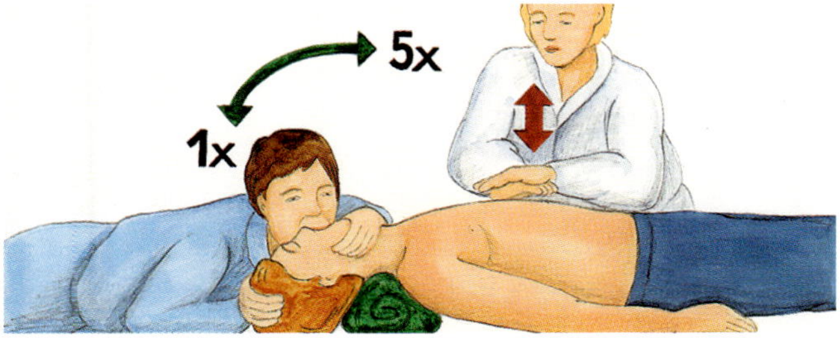

Auch sein Ohr hört keinen Luftzug an Nase und Mund des Kranken.

3. Das **Herz steht still**: Der Helfer legt sein Ohr auf die entblößte linke Brust des Kranken und hört keinen Herzschlag mehr – es ist still.

Wie muß wiederbelebt werden?

Atmung und Herz müssen gleichzeitig in Gang kommen. Es nützt keine Atmung, wenn der Sauerstoff nicht in den Körper transportiert wird, und es nützt kein Kreislauf, wenn das Blut nicht mit Sauerstoff beladen ist.

Beatmung und Herzmassage wechseln sich ab; auf eine Beatmung kommen 5 Herzmassagen. Sind zwei Helfer da, kann einer die Beatmung, der andere die Herzmassage übernehmen.

Wie Ritter Schnapp in den Himmel kam

Es waren einmal ein armer Mann und seine Frau, die träumten beide den gleichen Traum: Wenn die Frau aus der Ringelblume im Garten einen Tee kochte und tränke, geschähe ihnen großes Glück. Bald trug die Frau ein Kind unter dem Herzen. Als der Knabe zur Welt kam, nannten sie ihn Ringel.

Ringel aß viel und wuchs schneller als andere Kinder. Er wurde stark und gutherzig. Als er zehn Jahre alt war, konnte sein Vater nicht mehr den großen Kessel Grütze herbeischaffen, den Ringel täglich zum Frühstück leerte. Deshalb bat er ihn: „Ringel, du mußt dich verdingen, sonst frißt du uns die Haare vom Kopf!“

Ringel zog in die Welt. Auf einem Gutshof fragte er um Arbeit. Ritter Schnapp, der Besitzer, war ein Geizhals und hatte ein Herz von Stein in der Brust.

„Wieviel willst du?“ fragte er.

Ringel sagte: „Zehn Taler, Kost und Bett!“

„Das ist mir zu teuer“, meinte Schnapp. „Essen und einen Strohsack in der Scheune sollst du haben. Dann kannst du bleiben!“

„Und eine Traglast beim Abschied!“ verlangte Ringel.

Schnapp freute sich über das gute Geschäft und willigte ein.

Am nächsten Tag kam Ringel als erster an den Frühstückstisch. Er aß Brot und Suppe für die sechs Knechte auf. Als die anderen kamen, mußte die Wirtschafterin noch einmal kochen. Sie sagte zum Ritter: „Da habt ihr einen Hungrigen eingestellt!"

„Dafür wird er auch arbeiten müssen!“ sprach Schnapp. „Geh ins Holz! Du hast für sechs gegessen, also sei dein Tagewerk zweimal sechs Stämme. Die müssen heute abend auf dem Hof liegen!“ Die anderen lachten, denn ein Mann konnte das unmöglich schaffen.

Ringel fuhr in den Wald. Er riß zwölf Bäume aus und belud den Wagen. Das konnten die beiden Pferde nicht mehr ziehen. Er spannte sie aus, setzte sie auf das Fuhrwerk und zog es selbst nach Hause.

Da begann es dem Gutsherren vor Ringels Stärke zu grauen. Er dachte sich eine Arbeit aus, an der, so glaubte er, selbst Ringel verzweifeln mußte.

„Morgen möchte ich, daß du drischst!“ sprach er. „Am Abend soll alles Korn in Säcken und das Stroh in den Bansen sein!“

Ringel band zwei Balken zu einem Dreschflegel zusammen und begann. Als der Weizen ausgedroschen war, nahm Ringel die Scheunentür, warf damit Körner und Spreu in die Höhe und blies mit dem linken Nasenloch ganz sachte. Da flogen Spreu und Stroh in die Bansen, und die Körner blieben auf einem Haufen liegen. So machte

er es auch mit dem Roggen, dem Hafer und der Hirse. Nachmittags um drei war alles fertig.
Ritter Schnapp ergrimmte fürchterlich. Der neue Knecht arbeitete zwar für sechs, aber welche Traglast würde er am Ende seiner Dienstzeit fortschleppen?
Am nächsten Tag schickte er Ringel zur unteren Mühle, das Korn zu mahlen. Dort, hieß es, hause der Teufel. Ringel lud die Säcke auf und fuhr vor. Die Mühle klapperte zwar, aber kein Müller zeigte sich. Er riß die Tür auf. Eine Horde Teufel stürzte herbei und wollte ihm den Garaus machen. Flink griff Ringel einen leeren Sack und stopfte sie allesamt hinein. Dann stieg er die Leiter hoch und schüttete die Teufel in den Trichter.
Das staubte vielleicht, als sie alle zwischen den schweren Mühlsteinen zerrieben wurden! Endlich hatte er Ruhe. Während er mahlte, sah er in den Säcken nach, die in der Mühle standen: Sie waren voller Goldstücke! Er lud sie mitsamt dem Mehl auf den Wagen und fuhr zurück. Dem Ritter Schnapp blieb der Mund offen stehen, als sein Knecht heil und gesund vor ihm stand.
„Das hätte auch schlecht ausgehen können", sprach Ringel. „Fast hätten die Teufel mich untergekriegt! Das war nicht ausgemacht. Ich kündige den Dienst. Ich such mir nur noch meine Traglast zusammen!"
Ringel hob einen Sack nach dem anderen vom Wagen und warf sie auf seine Schulter. Zuletzt band er einen der drei Säcke mit den Goldstücken auf und schenkte sie den Knechten.

Die anderen zwei warf er sich auch noch auf den Rücken. Die Knechte riefen Heißa und Juchhei, dem Ritter aber blieb das Herz stehen. Soviel Geld und Gut sollte ihm entgehen!
„Das duld ich nicht!" schrie er, stürzte in den Stall und ließ die beiden tückischen Bullen los. Die Stiere galoppierten mit gesenktem Kopf auf Ringel zu. Der nahm sie bei den Hörnern, drehte ihnen den Hals um und warf sie sich auch noch auf den Rücken.
„Hab ich wenigstens Fleisch zum Brot!" sagte Ringel. „Danke, Herr Ritter!"
Da zog Schnapp wie von Sinnen sein Ritterschwert, um Ringel den Kopf abzuschlagen. Der aber hielt sich das rechte Nasenloch zu und pustete mit dem linken den Ritter Schnapp hoch, hoch in die Luft. Und so geschah es, daß ein Geiziger in den Himmel kam.

Ringel nahm Abschied von den Knechten. Mit seiner turmhohen Traglast ging er heim zu seinen Eltern. Die freuten sich sehr und hatten fortan gute Tage.

Wie warm ist mein Herz?

Brennende und kalte Herzen

Ob draußen Sommer oder Winter ist, ob wir die Heizung auf- oder zudrehen, solange wir gesund sind, bleibt unsere Körpertemperatur bei etwa 37°. Heute erscheint es uns selbstverständlich, daß diese Wärme entsteht, wenn die Nährstoffe in den Muskeln „verbrannt" werden. Muskelarbeit macht warm. Wenn wir bei Kälte zittern, sollen uns diese winzigen Muskelbewegungen erwärmen. Drohen wir zu überhitzen, bricht Schweiß aus, der verdunstet und uns abkühlt.

Aristoteles, der griechische Gelehrte, glaubte, die Wärme entstehe im Herzen und breite sich von dort über den Körper aus, während der Kopf, das Gehirn, für Abkühlung sorge. Auch der römische Arzt Galen sprach von einer „eingepflanzten Wärme" im Herzen. Obwohl diese Ansichten schon etwa 2000 Jahre alt und längst wissenschaftlich widerlegt sind, sprechen wir davon, daß jemand in einer schwierigen Angelegenheit einen kühlen Kopf bewahren muß oder ein Hitzkopf ist, daß er für eine Sache brennt oder die Glut in seinem Herzen erlischt und daß in seiner Brust ein heißes oder ein kaltes Herz schlägt.

Welche Bedeutungen haben diese Sätze?

Galen (etwa 129-199) in einer Krankenstube

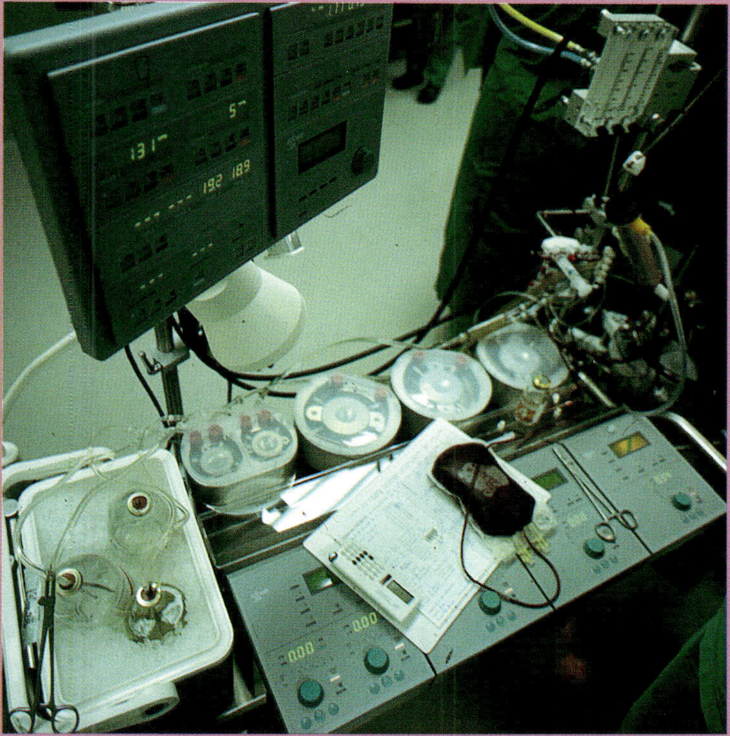

Herzlungenmaschine

Im Fieber steigt die Körpertemperatur an, das Herz schlägt schneller, mehr Energie wird verbraucht. Wenn Tiere Winterschlaf halten, verlangsamen sich mit fallender Körpertemperatur der Herzschlag und alle Vorgänge im Körper.
Bei Herzoperationen steht das Herz still. Seine Pumparbeit gewährleistet inzwischen eine Herzlungenmaschine. Sie unterkühlt auch das Blut, damit alle Stoffwechselprozesse im Körper langsamer vor sich gehen.

Miß an drei hintereinanderfolgenden Tagen jeweils früh, mittags und abends deine Körpertemperatur.
Lies dazu jeweils die Zimmerwärme und das Außenthermometer ab.
Schreibe alles auf und vergleiche es miteinander.
Was stellst du fest?

Vom Jungen, der auszog, andere das Gruseln zu lehren

Es war einmal ein Junge namens Georg, der lebte bei seinen Eltern auf einem Dorf vor der Stadt, wo die Bäume noch Blätter tragen. Er ging jeden Tag in die Schule, lernte, was ihm das Wichtigste dünkte und erschien abends wieder in der Wohnung. Dort aß er Bratkartoffeln oder Wurstbrote, trank Milch und ging ins Bett.

Was aber nur wenige wußten, war, daß er am Nachmittag und frühen Abend in der Stadt der unerschrockene Georg war. Er wollte bestaunt werden, drum stieg er als erster auf die große Eiche im Stadtpark, bis hinauf, wo die Äste dünn und dürr werden, und lachte, als die anderen vor Angst schrien.

„Wird dir nicht bange ums Herz, wenn du da oben bist und jeden Moment herabstürzen kannst?“ fragte seine Freundin Maria, als er wieder unten anlangte. „Ich hab gedacht, ich sterbe!“ Doch Georg winkte ab.

Er war es auch, der am zehnstöckigen Hotel emporkletterte und sich von Sims zu Sims zog, während unten (es war schon dunkel, damit man ihn nicht sehen sollte) seine Freunde warteten und den Atem anhielten. Er schaffte es, stieg oben in eine Dachluke und kam mit dem Lift heruntergefahren.

„Mir gruselt es!“ sagte Maria und hängte sich bei ihm ein, weil sie ihn sehr bewunderte. Das gefiel ihm. Auch andere staunten ihn an. Die Tapfersten machten ihm seine Kunststücke nach. Wenn er weiter als der Unerschrockenste gelten wollte, als einer, der sich nie fürchtete, mußte er sich immer etwas Neues einfallen lassen. Deshalb begann er mit dem S-Bahn-Surfen. Dazu riß er während der Fahrt die Tür des Abteils auf und hangelte sich außen am Wagen zur nächsten Tür. Während die Bahn mit achtzig Stundenkilometern über die Gleise schoß, zog er am Türgriff und betrat während der Fahrt den Waggon, als ob nichts geschehen wäre. Die anderen schauderte es, nur noch wenige machten ihm dies nach. Einer starb, weil er gegen einen Signalmast prallte.

Ihm würde so etwas nicht passieren. Davon war Georg überzeugt.

Dann entdeckte er etwas, von dem er wußte, daß jeder davor zurückschreckte, nur er nicht. Er entdeckte das Lifthoppen. In einem großen Bankgebäude fuhren drei Lifte nebeneinander hinauf und hinunter. Wer sich oben auf der Liftkabine befand, konnte von einem Fahrstuhl zum anderen springen. Während eine Kabine emporsauste, schoß vielleicht gerade die Nebenkabine abwärts. Wenn man rechtzeitig sprang, zwischen zwei Stahlträgern hindurch, konnte man die Kabine wie ein Pferd wechseln. Gefährlich war daran, daß man zwischen den Trägern hängenbleiben konnte und dann zerquetscht wurde, oder daß man zu spät sprang und tief fiel, oder daß man im obersten Stock gegen die Seilwinde gepreßt werden konnte. Georg übte es und dachte: Es ist schwer, aber du schaffst es. Das macht keiner. Dann bist du der Größte. Er lud seine Freunde ein, ihm zuzusehen. Sie schlichen sich bis in die oberste Etage und sahen durch Luken hinab auf die sausenden Fahrstühle. Georg sprang auf einen, der ganz oben hielt und eben nach unten fuhr, und sie sahen ihm zu und dachten: „Oh, uns gruselt es aber!"

Als er einen besonders großen Satz machte, vom ersten zum dritten Fahrstuhl, geschah es: Er blieb hängen. Ein Träger hielt ihn fest. Während eine Kabine abwärts glitt, sah er die andere emporsteigen im engen Schacht, wohinein er mit Oberkörper und Kopf ragte.

Da erfüllte ihn namenloses Entsetzen. Ihm war, als ob sein Herz stehenbliebe. In der kurzen Zeit, in der der Lift auf ihn zuraste, fiel ihm unendlich viel ein: Seine Eltern, die nicht wußten, was er trieb. Wie sinnlos er sein Leben beenden würde. Drei Zeilen in der Zeitung und ein Kopfschütteln – das würde von ihm bleiben. Und plötzlich fürchtete er, der anderen das Fürchten beigebracht hatte, sich so sehr vor dem Ende, daß er schrie, schrie, schrie...

Zum Glück ist dies ein Märchen. Deshalb konnte das Mädchen Maria, als sie begriff, was geschehen würde, in letzter Sekunde den roten Alarmknopf drücken, der alle drei Lifte stillegte.

Georg ist heute ein richtig netter Kerl. Wenn er abends von seiner Arbeit kommt und seiner Frau Maria begegnet, dann umarmt und küßt er sie und blickt ihr zärtlich in die Augen. Aber das tun ja alle Menschen.

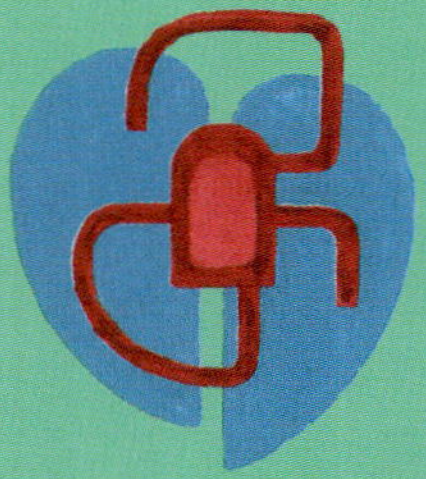

Wie arbeitet mein Herz?

Der Blutkreislauf wird entdeckt

Noch um 1600 glaubte man, daß sich das Blut in den Adern wie das Wasser bei Ebbe und Flut bewege: Die Adern saugen Blut an und pumpen es weiter. Damals war es sehr mutig von dem jungen englischen Arzt William Harvey, daran zu zweifeln.

Harvey hatte gemessen, daß eine gefüllte linke Herzkammer etwa 2 bis 4 Unzen (eine Unze entspricht 28,3495 g) Blut enthält. Davon wird zwar nur ein Teil bei jedem Herzschlag in den Körper gepumpt – etwa 70 cm^3. Ungefähr 70 mal in der Minute schlägt das Herz.

Im Körper fließen jedoch nur 5 bis 6 Liter Blut. Das errechnete große Blutvolumen, das vom Herzen gepumpt wird, „paßt“ nur dann in die Blutgefäße, wenn es in einem Kreislauf bewegt wird!

Welche Förderleistung des Herzens errechnete Harvey für eine Minute, für eine Stunde, für einen Tag? Suche in deiner Umgebung Gefäße, die derartige Flüssigkeitsmengen fassen würden!

Harvey erklärt dem englischen König Karl I. den Blutkreislauf.
Edouard Jean Conrad Hamman, um 1870

1628 schrieb Harvey, der inzwischen Leibarzt König Karls I. am englischen Hof war, seine Überlegungen nieder. Ein Sturm der Entrüstung begegnete dem „Kreisläufer", wie er spöttisch genannt wurde. Erst 33 Jahre später wies der Italiener Marcello Malpighi mit dem Mikroskop nach, daß es tatsächlich zwischen den Arterien, die vom Herzen wegführen, und den Venen, die das Blut wieder hintransportieren, Verbindungen gibt, die Kapillaren. In Paris befahl schließlich 1673 Ludwig XIV., der Sonnenkönig, daß in Zukunft jungen Medizinern Harveys Lehre zu vermitteln sei...

Das Herz pumpt das Blut mit Druck in die Arterien. Weil die Arterien elastisch sind, können sie den rhythmischen Blutausstoß des Herzens in einen gleichmäßig fließenden Blutstrom verwandeln. Der in den Arterien gemessene Blutdruck beträgt normal etwa 120/80 Torr (= mm Quecksilbersäule), bei Kindern etwas weniger. Die erste Zahl gibt den systolischen Blutdruck an, der in der Pumpzeit der Herzkammern, der Systole, entsteht. Die zweite Zahl spiegelt den diastolischen Blutdruck wider, d.h. den Druck, der während der Erschlaffung der Herzkammern in den Arterien herrscht.

Blutdruck-Messung

1

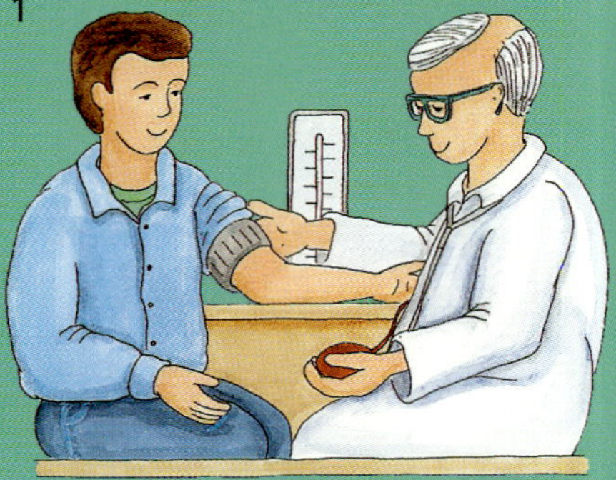

2

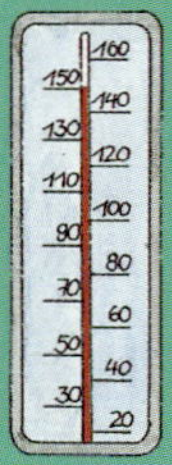

3

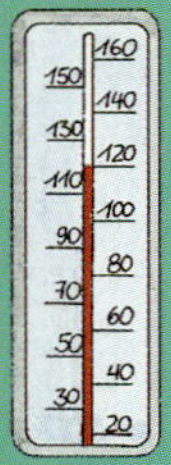

4

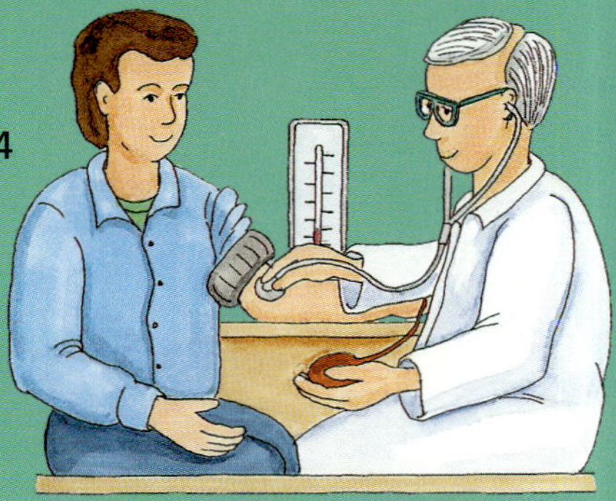

1896 stellte der italienische Arzt Scipione Riva-Rocci eine Möglichkeit vor, den Blutdruck zu messen, ohne ein Instrument in die Arterien einführen zu müssen. Auf diese Weise wird bis heute der Blutdruck eines Patienten erfaßt.

1

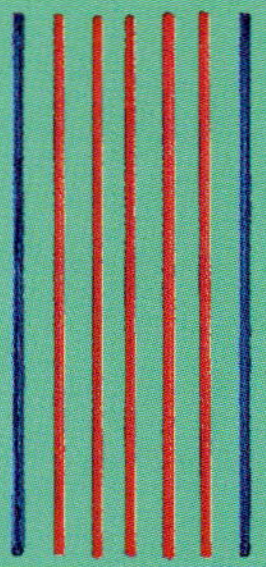

1. Eine aufblasbare Manschette wird um den Oberarm gelegt; sie ist mit einem Druckmeß- instrument verbunden. – Durch die Arterie des Armes strömt gleichmäßig Blut.

2

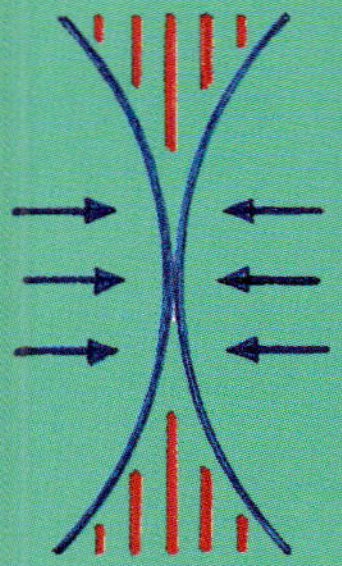

2. In die Oberarmmanschette wird Luft eingepumpt, bis ein Druck erreicht ist, der über dem zu erwartenden Blutdruck liegt. – Die Arterie wird zusammenge- preßt; es fließt kein Blut mehr hindurch.

3

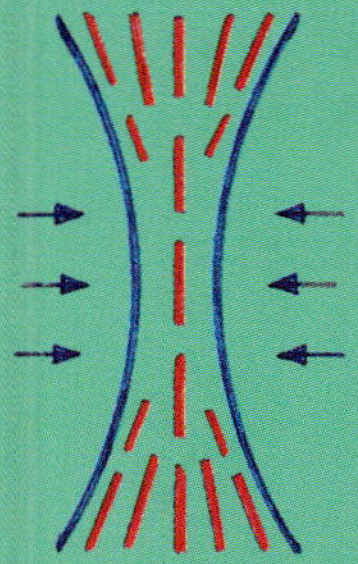

3. Der Arzt setzt das Stethoskop, sein Hörrohr, auf die Ellenbeuge. Langsam läßt er die Luft aus der Oberarmmanschette ab. – Wenn der Außendruck der Man- schette nachläßt, kann das Blut zunächst nur dann in die Arterie fließen, wenn das Herz pumpt. Die Strömungsgeräusche dieses schubweisen Blutdurchflusses sind als rhythmisches Klopfen zu hören. Wenn sie einsetzen, wird der obere (systolische) Blutdruckwert abgelesen.

4

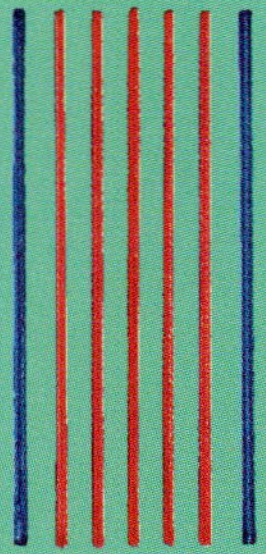

4. Der Druck aus der Manschette wird weiter abgelassen. – Wird der Außendruck noch geringer, fließt das Blut auch in den Erschlaffungszeiten des Herzens durch die Arterie. Der gleichmäßige Blutdurchfluß ver- ursacht keine Geräusche mehr; das Klopfen hört auf. In diesem Moment wird der diastolische Blutdruckwert festgestellt.

Eine erkrankte Herzklappe wird durch eine künstliche ersetzt.

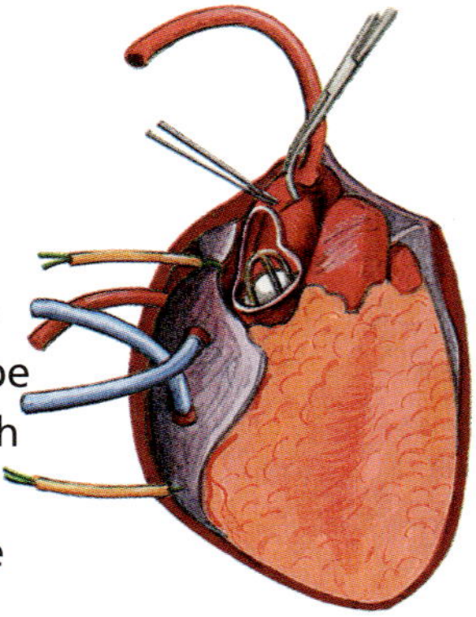

Unter der Brusthaut eingepflanzter Schrittmacher

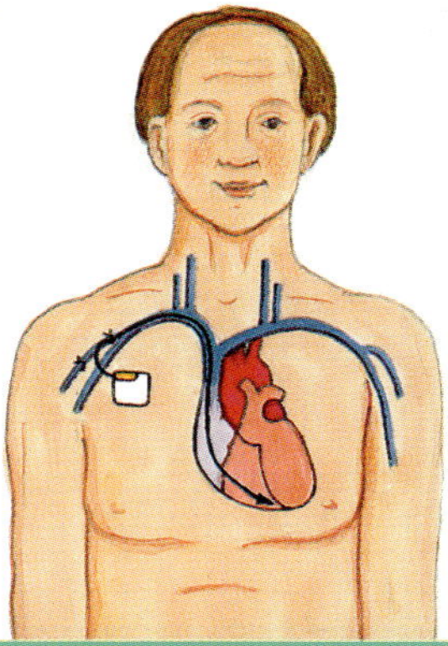

Diese Venen umgehen als Bypass die Engstelle in der Herzkranzarterie.

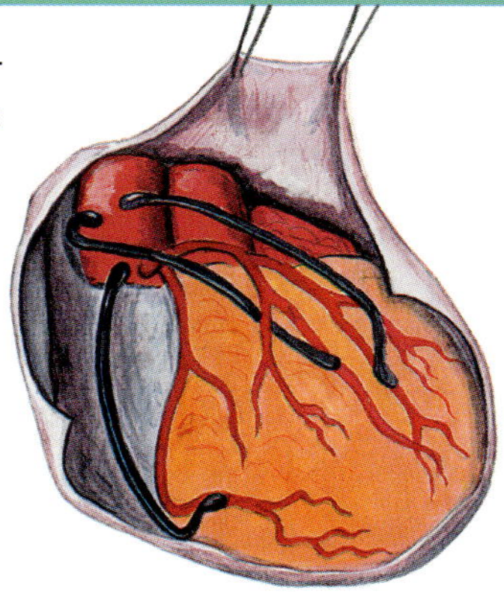

Schrittmacher

künstliche Herzklappe

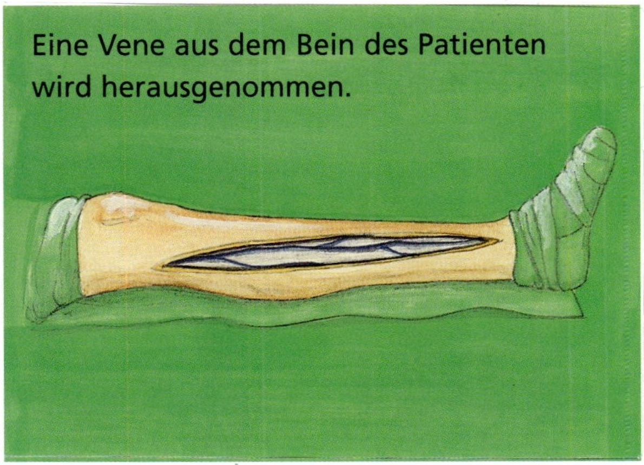
Eine Vene aus dem Bein des Patienten wird herausgenommen.

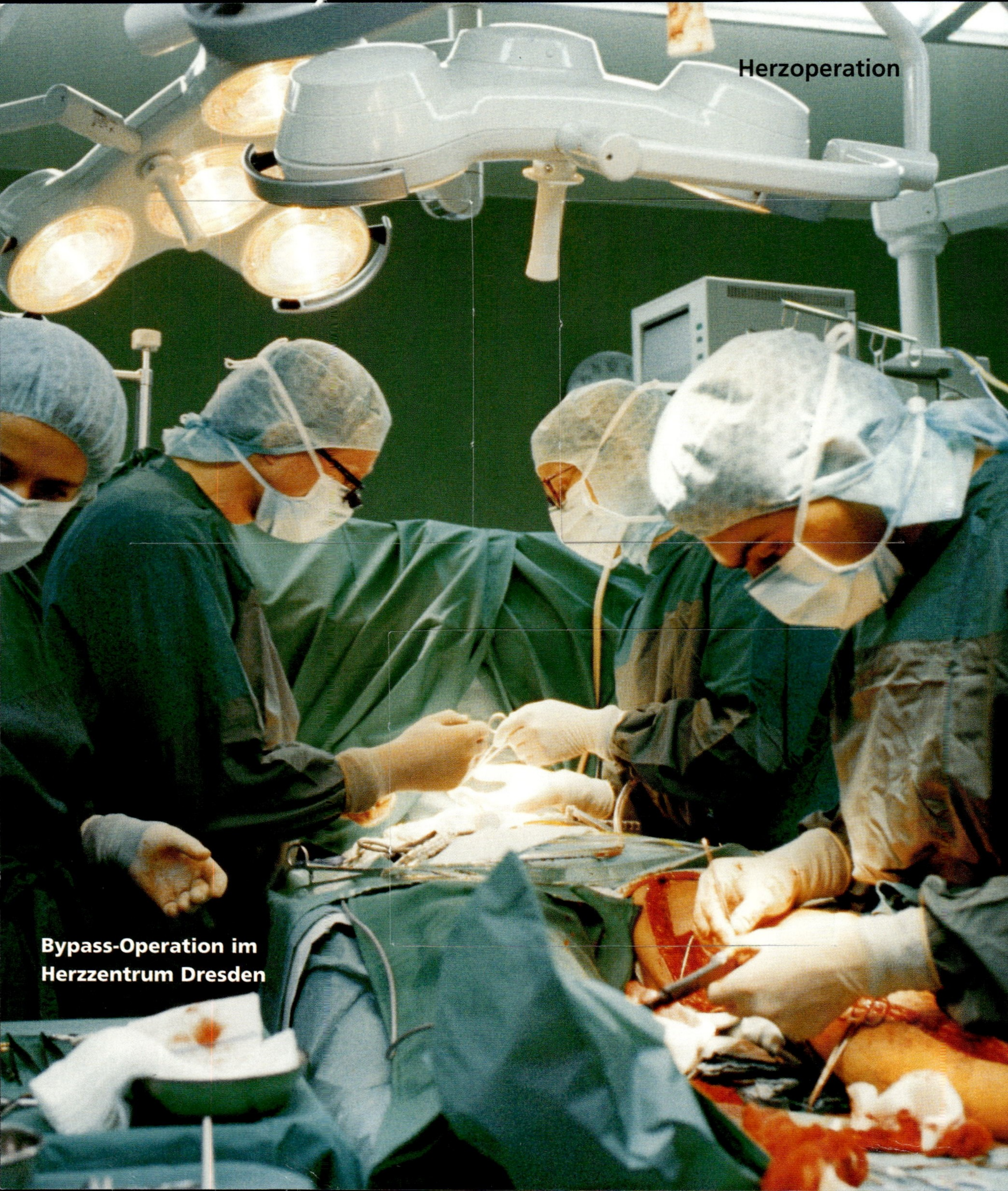

Bypass-Operation im
Herzzentrum Dresden

Gretchen hat Kummer

Es war einmal ein rundes und gesundes Mädchen. Immer häufiger stritten sich seine Eltern. Die Mutter lief davon. Nur noch Vater und Großvater blieben im Haus.
„Meinetwegen ist die Mutter gegangen!" dachte Gretchen. „Wenn ich nicht gewesen wäre, dann hätte Vater seine Frau noch!"
Es war Unsinn, aber man kann sich auch Unsinn einreden. Gretels Herz war schwer, weil sie glaubte, niemand könne sie leiden. Zum Trost begann sie zu essen.
Wer satt ist, wird schläfrig. Wer schläfrig ist, den drückt der Kummer weniger. Gretel legte sich bei jeder Mahlzeit zweimal auf, sie stopfte hinein, was andere nicht essen mochten, sie gab nichts ab. Und nachts dachte sie an ihre Mama und daran, daß keiner sie leiden könne.
Nach einem Jahr war Gretel rund wie ein Faß. Die Schuhe konnte sie nicht mehr allein zubinden, weil ihr Bauch im Wege war. Und wenn sie spazierengehen sollte, pustete sie wie eine Lokomotive. Das Herz schlug ihr im Halse, weil es in der Brust keinen Platz hatte.
Der Vater redete ihr gut zu, aber Gretel wollte nicht hören.
Da begab es sich, daß der Prinz des Königreiches eine Frau suchte. Weil er aber zugleich ein Dichter war, wollte er eine besonders schöne Frau. Er hoffte, daß ihm dann die Reime leichter aus der Feder flössen. Der Vater las davon in der Zeitung und dachte: Eigentlich wäre unsere Gretel genau die Richtige für den Prinzen, denn schön ist sie – genauer gesagt: war sie. Er suchte das Bild heraus, auf dem Gretel noch rund und gesund war, und schickte es dem königlichen Hofamt.
„Wer hat sich denn auf unseren Heiratsaufruf gemeldet?" fragte der Prinz den Hofmarschall. „Ach", winkte dieser ab, „nur so eine vorwitzige Bauerndirne!"
„Laß doch mal sehen!" sagte der Prinz. Sicher war es wieder eine dünne blasse Schönheit, wie sie in allen Illustrierten abgebildet werden!
Als er aber das Bild vom runden, gesunden Gretel erblickte, da blieb sein Herz kurz stehen – dann machte es einen Hüpfer und raste los.
Er starrte auf das Foto und rief: „Die oder keine!"
Er rannte in den Stall, schwang sich aufs Pferd und galoppierte davon. Gretel saß draußen auf einer Bank und zählte ihre Bonbontüten, als sie den Prinzen auf sich zukommen sah. Sie erschrak so, daß sie rücklings vom Sitz fiel und die Beine und Arme in die Höhe streckte. Sie war so dick, daß sie nicht mehr allein auf die Beine kam. Auf dem Hintergrund des blauen Himmels

erblickte sie das Gesicht des vorüberreitenden schönen jungen Prinzen. Der lachte herzlich und rief: „Was ist denn das für ein dicker Käfer!“

Weiter preschte er zum Häuschen des Vaters und wollte sofort Gretel sprechen. Wie kam der Vater nur aus der Geschichte wieder heraus? Er schämte sich schon für sein Schreiben.

„Das Gretel, das ist verreist“, log er. „Es ist für eine Weile bei der Großmutter. Leider ...“ Vielleicht würde sich der Prinz inzwischen mit einer anderen verloben.

„Hat sie einen Freund?“ wollte der Prinz wissen.

„Nein, nicht daß ich wüßte...!“ stammelte der Vater. Das war dem Prinzen genug, und er sagte: „In vier Wochen bin ich wieder da!“

Das dicke Gretel lag auf dem Rücken, schämte sich und heulte. Zugleich aber fühlte sie ein ganz süßes Pochen in ihrem Herzen. Noch nie hatte sie einen Prinzen gesehen und dann gleich einen so schönen! Ihr Vater rollte sie wieder auf den Bauch, so daß sie sich aufrichten konnte, und erzählte ihr von dem Besuch. Wie, dachte sie, der Prinz ist meinetwegen gekommen? Er kann mich leiden? Aber hatte er nicht gerufen: „Dicker Käfer“?

Fortan dachte sie an den Prinzen. Schließlich hatte er sich in ihr Bild verliebt, und wenn es jemanden gab, der dem Bild ähnlich sah, war sie es! Sie würde ihn sehr glücklich machen. Dann wieder war sie verzweifelt. Er hatte sie gar nicht beachtet! Er hatte sogar über sie gelacht!

Vor Kummer aß sie überhaupt nichts mehr und trank nur das Wasser aus der Quelle.

Das ging so vier Wochen. Sie lief durch den Wald und weinte, weil sie jemanden liebte, der sie auch liebte, aber nicht sie, sondern ihr Bild... Und dabei wurde sie dünner und dünner, bis sie wieder ein ganz normales rundes Gretchen war.

Nach vier Wochen kam der Prinz. Er fand ein bezauberndes, ein wenig schüchternes junges Mädchen, dessen Herz zärtlich pochte. Und es sah noch besser aus als das Bild, das der Prinz seit vier Wochen im Herzen trug.

Vor und während der Geburt erhält das Kind den Sauerstoff von der Mutter über die Nabelschnur. Wenn das Neugeborene seinen ersten Schrei tut, atmet es Luft in die Lunge ein, eröffnet damit den kleinen Lungenkreislauf und schließt die vorher bestehenden direkten Verbindungen zwischen beiden Herzvorhöfen sowie zwischen Lungen- und Körperschlagader. Die Nabelschnur wird von der Hebamme durchtrennt. Der Bauchnabel erinnert uns während unseres ganzen Lebens an diese Vorgänge.

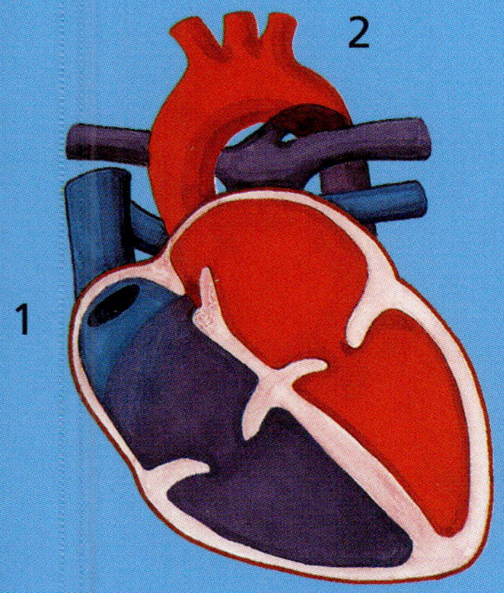

Vor der Geburt

Das Blut gelangt von den rechten direkt in die linken Herzanteile, ohne daß der kleine Lungenkreislauf durchquert werden muß. Den notwendigen Sauerstoff erhält das kindliche Blut von der Mutter über die Nabelschnur.

1. Öffnung in der Scheidewand der Vorhöfe (Foramen ovale)
2. Verbindungsgang zwischen Lungen- und Körperschlagader (Ductus arteriosus Botalli)

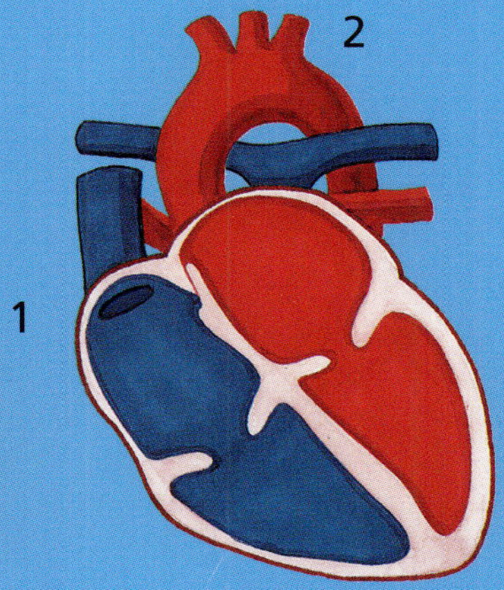

Nach der Geburt

Es gibt keine direkte Verbindung zwischen rechten und linken Herzanteilen mehr. Das Blut muß durch die Lungen fließen und wird dort mit Sauerstoff angereichert.

1. Scheidewand zwischen den Vorhöfen ist geschlossen
2. Der Verbindungsgang zwischen Lungen- und Körperschlagader ist ausgetrocknet

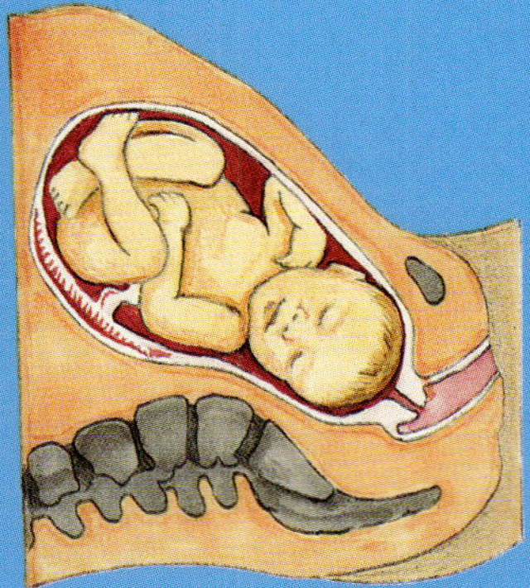

Was war mein Herz, als ich noch nicht geboren war?

Der erste Schrei

Wenn eine junge Frau es selbst noch nicht weiß, daß in ihrem Bauch ein Kind wächst, entwickelt sich schon sein Herz. Nicht größer als eine Perle ist das kleine Wesen, wenn das, was einmal sein Herz werden wird, vorsichtig zu schlagen beginnt. In den folgenden Wochen ist das werdende Herzlein sehr empfindlich. Raucht die Mutter, trinkt zu viel Alkohol oder wird krank, kann es Schaden nehmen. Nach dem dritten Schwangerschaftsmonat ist das Herz zwar immer noch sehr klein – das Kind selbst ist ja jetzt erst etwa 9 cm groß, aber alle seine Teile sind bereits richtig ausgebildet.
Mit einer Ultraschalluntersuchung kann der Arzt erkennen, ob das Kind und sein Herz gesund sind. Ab dem fünften Monat kann man auch seine Herztöne mit einem Hörrohr aus Holz oder einem Hörschlauch, dem Stethoskop, am Bauch der Mutter abhören. Das kleine Herzchen schlägt viel schneller als das eines Schülers oder gar Erwachsenen. Jetzt spürt auch die Mutter, daß sie ein Kind unter dem Herzen trägt, weil es sich bewegt und strampelt.

Wenn das Kind geboren wird, zeigen seine Herztöne an, ob es sich wohlfühlt. Werden sie zu langsam oder unregelmäßig, ist es in Gefahr geraten und muß schnell zur Welt gebracht werden.

Vielleicht erzählt dir deine Mutti, wann sie dich das erste Mal gespürt hat und was sie dabei empfand?

Das Herz im Märchen

Lexikon

Der **Aderlaß**, das Schröpfen: Entnahme einer größeren Menge Blut aus einer Vene. Mit einem Aderlaß wurden in früheren Jahrhunderten alle möglichen Krankheiten behandelt. Mit einem kleinen Messerchen wurde eine gestaute Vene – meist in der Ellenbeuge – geöffnet.

Der **Alkohol** *(arab.)*: enthalten in Bier, Wein, Sekt, Schnaps, Cognac und anderen alkoholischen Getränken. Alkohol beschleunigt die Herztätigkeit. In größeren Mengen und auf Dauer genossen, ruft er am Herzen schwere Vergiftungen der Muskelschicht hervor, die Herzschwäche und Rhythmusstörungen bewirken und zum Tod führen können.

Die **Angina pectoris** *(lat.)*, die Brustenge: Druckgefühl und Schmerzen in der Brust, die in den linken Arm ausstrahlen können und oft mit Atemnot und großer Angst einhergehen. Angina pectoris ist ein Zeichen einer Durchblutungsstörung des Herzens (chronisch-ischämische Herzkrankheit), befällt aber auch Menschen mit gesunden Kranzgefäßen bei plötzlichen oder dauernden seelischen Belastungen und Streß.

Die **Aorta** *(griech.)*, die Körper- oder Hauptschlagader: sie geht von der linken Herzkammer ab und leitet sauerstoffreiches Blut in die Arterien.

Die **Arterie** *(griech.)*, die Schlagader: vom Herzen wegführendes Blutgefäß. Der Blutdruck, der im Herzen bei jedem Pumpvorgang (Systole) entsteht, setzt sich in den Arterien als Welle fort und ist als Puls tastbar.

Die **Arteriosklerose** *(griech.)*: Verkalkung, krankhafte Verhärtung und Verdickung der Arterien. Die Verengung des Innendurchmessers bewirkt Durchblutungsstörungen bis hin zum Ausfall der Blutströmung im Versorgungsgebiet der betroffenen Arterie. Arteriosklerose wird z.B. gefördert durch Rauchen (Nikotin), Übergewicht, Bluthochdruck, Zuckerkrankheit *(Diabetes mellitus)* oder zu viel Fett *(Cholesterin)* im Blut.

Die **Atemnot**: beschleunigte und erschwerte Atmung aufgrund verschiedener Ursachen. Bei Herzkranken kann sich Wasser in der Lunge einlagern, das zunächst bei körperlichen Belastungen und nachts beim Liegen zu Atemnot führt. Man spricht auch von *Herzasthma (griech.)*.

Die **Blausucht**, die Zyanose *(griech.)*: bläuliche Verfärbung der Haut, besonders an Fingerspitzen, Nase, Kinn und Ohren. Sie zeigt an, daß im Blut zu wenig Sauerstoff ist, und kommt bei schweren Herz- und Lungenerkrankungen vor, oft verbunden mit Atemnot. Säuglinge mit bestimmten angeborenen Herzfehlern werden ihres bläulichen Aussehens wegen auch als *blue babies (engl.)* bezeichnet.

Der **Blutdruck**: Druck des strömenden Blutes in den Arterien. Normalerweise beträgt er etwa 120/80 Torr. Der erste Wert wird durch den Druck gebildet, den die linke Herzkammer während der Systole produziert; der zweite Wert entsteht während der Diastole des

Herzens durch die Elastizität der Arterien und den Widerstand, den sie und die Kapillaren dem Blutfluß entgegensetzen.

Die **Blutgefäße**, Adern: elastische Röhren, in denen das Blut durch den Körper transportiert wird.

Der **Bluthochdruck**, die Hypertonie *(griech.-lat.)*: Erhöhung des Blutdrucks über 160/95. Dauernder Bluthochdruck überanstrengt das Herz, schädigt die Nieren und birgt die Gefahr eines Schlaganfalls im Gehirn. Die Ursachen des Bluthochdrucks sind vielfältig und müssen vom Arzt untersucht werden. Gesunde Ernährung, Nichtrauchen, Bewegung und seelische Gelassenheit sowie Medikamente können erhöhten Blutdruck senken.

Der **Blutkreislauf**: ununterbrochener Umlauf des Blutes in den Blutgefäßen. „Motor" dieser Bewegung ist das Herz. Der „kleine Kreislauf" umfaßt die Blutbewegung von der rechten Herzkammer über die Lunge bis in den linken Vorhof; der „große Kreislauf" führt das Blut von der linken Herzkammer über die Aorta in die Arterien des Körpers, dann in die Kapillaren und über die Venen zurück zum rechten Vorhof des Herzens. Diese Vorgänge wurden erstmals 1628 durch William Harvey beschrieben.

Der **Bypass** *(engl.)*: Ersatzblutgefäß für eine durch Arteriosklerose verengte oder verschlossene Herzkranzarterie. Der Bypass wird während einer Herzoperation angelegt. Die enge Stelle wird mit Venen aus den Beinen oder mit einer Arterie aus der Brustwand des Patienten überbrückt.

Die **chronisch-ischämische Herzkrankheit** *(griech.), Abk.* ciHK: dauernde oder häufig wiederkehrende Mangeldurchblutung des Herzens selbst. Die Herzkranzgefäße sind verengt. Der Kranke spürt zunächst bei Belastungen, in schlimmeren Fällen auch in Ruhe Angina pectoris. Eine gesunde Lebensweise, Medikamente, die die Kranzgefäße erweitern, und ihre Aufdehnung mit speziellen Kathetern können das Leiden bessern.

Die **Diastole** *(griech.)*: Zeitabschnitt der Herzarbeit, in der die Muskulatur der Kammern erschlafft ist und Blut in sie einströmt.

Das **Elektrokardiogramm**, *Abk.* EKG: Herzstromkurve. Sie bildet die bioelektrische Impulsgebung durch den Sinusknoten, die Erregung des Reizleitungssystems und die elektrische Antwort des Herzmuskels ab. Abweichungen von der normalen Kurvenform geben Hinweise auf verschiedene Herzkrankheiten.

Die **Entzündung des Herzens**, die Carditis *(lat.)*: Reaktion des Herzens auf Krankheitserreger (Viren, Bakterien, Pilze) oder von ihnen abgegebene Gifte. Die Entzündung kann die Innenhaut mit den Klappen *(Endocarditis)*, die Muskelschicht *(Myocarditis)* oder den Herzbeutel *(Pericarditis)* einzeln oder kombiniert befallen. Diphtherie, Scharlach oder akutes rheumatisches Fieber z.B. können Herzentzündungen hervorrufen und haben früher, ehe es Impfungen und Antibiotika-Behandlungen gab, oft zu Herzfehlern geführt.

Die **Halbmondklappen**: halbmondförmige Falten zwischen den Herzkammern und den Schlagadern, die wie Ventile wirken. Diese Klappenformen befinden sich am Ursprung der Pulmonalis und der Aorta. Sie öffnen sich, wenn während der Systole Blut aus den Kammern gefördert wird. In der Diastole sind sie geschlossen und verhindern, daß Blut aus den Schlagadern in die Kammern zurückströmt.

Der **Herzbeutel**, das Pericard *(griech.)*: doppelte Haut um das Herz. Die beiden Häute haften durch etwas Flüssigkeit aneinander; gleichzeitig kann das Herz in diesem Beutel reibungslos beim Pumpen hin- und hergleiten.

Die **Herzchirurgie**: Fachgebiet der Medizin, das mit Herzoperationen Herzkrankheiten beheben oder bessern möchte. Der ausübende Arzt heißt Herzchirurg.

Der **Herzfehler**, das Vitium *(lat.)*: Fehlbildung des Herzens, die während der Entwicklung des Kindes im Mutterleib entsteht (z.B. durch Röteln, Gifte, Chromosomenschäden) oder durch Entzündung hervorgerufen wird. Der Blutfluß durch das Herz wird erschwert oder fehlgeleitet. Sichtbare Folgen bei fortgeschrittenen Erkrankungen sind Atemnot, Blausucht und Wassersucht. Vielfach lassen sich die Herzfehler durch Operation korrigieren, oder es werden nicht mehr funktionierende Herzklappen ersetzt.

Das **Herzflattern** und **-flimmern**: ganz schnelles Schlagen des Herzens. Dabei werden die Pumpbewegungen so kurz und flach, daß das Herz praktisch stillsteht.

Der **Herzinfarkt** *(lat.)*, der Herzschlag: Absterben eines Herzabschnitts. Der Herzinfarkt ist die Folge einer Arteriosklerose der Herzkranzgefäße oder einer anders verursachten Durchblutungsstörung des Herzens. Der Betroffene spürt Angina pectoris, Schweißausbruch und kann bewußtlos zusammenbrechen. Wegen der Plötzlichkeit des Geschehens spricht der Volksmund auch davon, daß jemanden *der Schlag getroffen* hat. Es besteht Lebensgefahr. Sofortige ärztliche Hilfe ist notwendig. Der Herzinfarkt kann heilen, indem das abgestorbene Gewebe durch eine Narbe ersetzt wird.

Die **Herzklappen**: feste Häute, die am Herzmuskel aufgehängt sind und wie Ventile im Blutstrom wirken. Halbmondförmige Klappen dichten den Übergang von den Kammern in die Lungen- und in die Körperschlagader ab. Segelförmige Klappen befinden sich zwischen den Vorhöfen und den Kammern; die rechte hat drei Segel, die linke zwei. Der Schluß der Segelklappen trägt zur Entstehung des ersten Herztons bei.

Die **Herzkranzgefäße**, die Kranzgefäße, die Coronarien *(lat.)*: Arterien und Venen, die das Herz selbst versorgen. Sie führen etwa 7 Prozent allen Bluts, das in den Körper gepumpt wird. Kranzförmig umziehen sie das Herz in einer äußeren Furche zwischen den Vorhöfen und den Kammern und schicken von dort große Seitenäste zur Herzspitze. Diese Seitenäste verzweigen sich zu einem dichten Netz im Herzmuskel.

Die **Herz-Kreislauf-Erkrankungen**: alle Krankheiten des Herzens und der Blutgefäße zusammengefaßt. In Deutschland bilden sie die häufigste Todesursache.

Die **Herzschwäche**, die Herzinsuffizienz *(lat.)*: Das Herz ist nicht mehr in der Lage, das anströmende Blut auch wieder auszupumpen. Der Rückstau verursacht Atemnot und Wassersucht. Herzschwäche wird durch verschiedenste Herzkrankheiten und -schädigungen hervorgerufen. Besserung bringt z.B. der Wirkstoff des Roten Fingerhutes, einer Arzneipflanze.

Der **Herzstillstand**: Aufhören der Herztätigkeit. Herzstillstand wird z.B. ausgelöst durch Verletzungen, Vergiftungen und Krankheiten des Herzens sowie Stromunfall.
Der Körper, vor allem das empfindliche Gehirn, werden nicht mehr mit Blut versorgt. Der Tod tritt innerhalb weniger Minuten ein, wenn nicht sofort Hilfe einsetzt und die Wiederbelebung bewirken kann.

Die **Herztöne**: Geräusche, die bei der Herzarbeit gebildet werden. Jeder Laie kann an der entblößten Brust eines anderen zwei Herztöne hören: Der erste Ton entsteht, wenn sich die Muskeln der Kammern anspannen und die Segelklappen schließen.
Der zweite Ton wird durch die Erschlaffung der Herzkammern und den Schluß der Halbmondklappen erzeugt. Der Arzt hört mit dem Stethoskop die Herztöne ab und kann daran Herzkrankheiten erkennen.

Das **Herzzentrum**: Krankenhaus, in dem herzkranke Menschen untersucht und behandelt werden.

Die **Hohlvenen**: Diese Gefäße sammeln das verbrauchte Blut aus den unteren und oberen Körperteilen und führen es zum rechten Vorhof des Herzens.

Die **Kapillaren**: feinste Blutgefäße, die Arterien und Venen miteinander verbinden und den Blutkreislauf schließen. Sie wurden 1661 erstmals von dem Italiener Marcello Malpighi unter dem Mikroskop gesehen.

Die **Kardiologie** *(griech.)*: Lehre vom Herzen und seinen Krankheiten, Teil des Fachgebietes Innere Medizin. Der ausübende Arzt heißt Kardiologe.

Der **Katheter** *(griech.)*: dünner Schlauch aus Kunststoff, der durch die Adern bis zum Herzen vorgeschoben wird. Im Röntgenbild verfolgt der Arzt seinen Weg. Mit Herzkathetern können Krankheiten des Herzens untersucht und zum Teil sogar behandelt, z.B. verengte Herzkranzgefäße aufgeweitet werden. Den ersten Herzkatheter probierte der junge Arzt Werner Forssmann 1929 am Krankenhaus Eberswalde bei sich selbst aus.

Die **Kur**: 1. zeitlich begrenzte Behandlung mit einem bestimmten Medikament. 2. Aufenthalt in einem Kurort. Günstiges Klima, schöne Landschaft, seelische Ruhe und angemessene körperliche Belastung, Heilbäder und andere Behandlungsverfahren tragen zur Besserung oder Heilung eines Leidens bei. Bekannte Kurorte für Herz-Kreislauf-Erkrankungen sind z.B. Bad Kissingen oder Bad Neustadt.

Die **Lungenarterie**, die Pulmonalis *(lat.)*: Dieses Gefäß führt das venöse, verbrauchte Blut vom rechten Herzen zu den beiden Lungen.

Die **Muskelschicht**, das Myocard *(lat.)*: bewirkt das regelmäßige Pumpen des Herzens. Sie besteht aus quergestreiften Muskelzellen, die miteinander vernetzt sind und unabhängig von unserem Willen arbeiten. Die während des gesamten Lebens ununterbrochen tätige Muskelschicht wird mit Blut aus den Kranzgefäßen versorgt.

Die **Nerven**: Verbindungsstränge zwischen Gehirn/Rückenmark und Körper. Am Herzen bewirkt der *Vagusnerv* Verlangsamung des Herzschlags und Ruhe, sein Gegenspieler, der *Sympathicusnerv,* Beschleunigung und Leistungsbereitschaft. Dank dieser Verbindung zum Gehirn wird das Herz auf unterschiedliche seelische und körperliche Belastungen eingestellt und reagiert auf Freude, Angst und Schreck.

Das **Nikotin**: giftiger Inhaltsstoff des Tabaks, der mit dem Rauchen in den Körper gelangt. Nikotin verengt die Arterien und erhöht den Blutdruck. Raucher erkranken deswegen häufiger an Arteriosklerose und chronisch-ischämischer Herzkrankheit.

Der **Puls**: fühlbare Druckwelle in den Arterien. Der Puls wird durch den rhythmischen Blutausstoß des Herzens ausgelöst und setzt sich in den elastischen Arterien fort.

Das **Reizleitungssystem**: besondere Muskelstränge im Herz, die elektrische Impulse vom Sinusknoten im rechten Vorhof bis in alle Herzabschnitte leiten. Sind diese Leitungen blockiert, muß ein Schrittmacher eingesetzt werden.

Das **Röntgen**: Untersuchung mit Röntgenstrahlen. Sie wurden 1895 von Wilhelm Conrad Röntgen entdeckt und nach ihm benannt. Die Röntgenstrahlen durchdringen die Haut und lufthaltige Gewebe, während Knochen oder flüssigkeitsgefüllte Hohlräume, wie z.B. das Herz, die Strahlen schlecht durchlassen und sich dadurch gut abbilden. Mit dem Röntgen kann man die Vergrößerung des gesamten Herzens und einzelner Abschnitte erkennen. Auch bei der Herzkatheteruntersuchung wird der Patient mit Röntgenstrahlen durchleuchtet.

Die **Scheidewände**: Trennschichten zwischen den beiden Vorhöfen und den beiden Kammern. In ihnen verlaufen besondere Muskelfasern, die die elektrischen Reize des Sinusknotens bis in die Herzmuskulatur fortleiten.

Der **Schrittmacher**, der Pacemaker *(engl.)*: elektrischer Impulsgeber. Er hilft bei Störungen der elektrischen Reizbildung und -leitung. Meist wird er unter der Brusthaut eingepflanzt. Ein Kabel verbindet ihn mit der Herzmuskulatur. Ein erster Schrittmacher wurde 1958 von dem schwedischen Ingenieur Rune Elmqvist gebaut.

Die **Segelklappen**: Klappen zwischen den Vorhöfen und Kammern. Während der Diastole sind sie geöffnet und lassen Blut von den Vorhöfen in die Kammern einströmen. In der Systole schließen sie sich und verhindern, daß Blut aus den Kammern in die Vorhöfe zurückfließt. Die Dreisegelklappe, lateinisch *Tricuspidalis*, sitzt zwischen rechtem Vorhof und rechter Kammer; die Zweisegelklappe trennt den linken Vorhof von der linken Kammer. Wegen ihrer Ähnlichkeit mit einer Bischofsmütze, der Mitra, wird sie auch *Mitralis* genannt.

Der **Sinusknoten**: Muskelbezirk im rechten Vorhof, von dem regelmäßige elektrische Stromstöße abgegeben werden. Sie werden über das Reizleitungssystem in das ganze Herz verteilt und regen es zur Arbeit an. 60 bis 80 solche Impulse gibt der Sinusknoten in der Minute ab. Er funktioniert eigenständig, wird aber von Nerven aus dem Gehirn und von Hormonen beeinflußt. Auf diese Weise stellt das Herz seine Schlagschnelligkeit auf die Erfordernisse des Körpers ein.

Das **Stethoskop** *(griech.)*: Abhörgerät des Arztes für Herztöne und andere Körpergeräusche. Es besteht aus einer Kapsel mit einer Membran, die das Geräusch verstärkt, zwei Schläuchen und Ohrsteckern. Das Stethoskop wurde 1819 durch den französischen Arzt Laennec eingeführt.

Die **Systole** *(griech.)*: Zeitabschnitt der Herzarbeit, in der sich die Muskulatur der Kammern zusammenzieht und Blut aus dem Herzen ausgestoßen wird. Die Vorhöfe sind zu dieser Zeit erschlafft.

Die **Ultraschalluntersuchung**, die Echokardiographie *(griech.-lat.)*: Beobachtung gesunder Herzen und Feststellung von Herzkrankheiten, z.B. Herzfehlern, mittels Ultraschall.

Die **Transplantation** *(lat.)*, die Organverpflanzung: Austausch eines kranken Herzens gegen ein gesundes. Wenn das Herz so schwer krank ist, daß der Kranke bald sterben müßte, wird sein Herz herausgenommen und ihm das gesunde Herz eines anderen eingesetzt. Das gesunde Herz stammt von Menschen, die durch einen Unfall ums Leben gekommen sind. Bis zur Herztransplantation wird das kranke Herz durch ein maschinell pumpendes Kunstherz unterstützt.

Die **Vene** *(lat.)*: Blutgefäß, das Blut zum Herzen zurückführt. Im großen Körperkreislauf führen Venen verbrauchtes, also sauerstoffarmes, kohlendioxidreiches Blut. Die Venen direkt unter der Haut kann man als bläuliche Stränge erkennen. In Armen und Beinen verhindern taschenförmige Klappen, daß das Blut zurückfließt. Krampfadern sind verdickte und geschlängelte Venen.

Die **Wassersucht**: Ansammlung von Flüssigkeit in Geweben *(Ödem)*, verursacht z.B. durch Herzschwäche. In der Lunge macht sich Wassersucht als Atemnot bemerkbar; häufig schwellen auch die Füße an.

Die **Zyanose** (griech.): siehe **Blausucht**

Bilderklärungen und Bildnachweise

S. 3
Das begehbare Herz ist ein Projekt der Kinderakademie Fulda in Zusammenarbeit mit dem Deutschen Hygiene-Museum Dresden.
Foto: Walter M. Rammler

Die Kinderzeichnungen entstanden im Rahmen eines Workshops unter Leitung des Malers und Graphikers Klaus Magnus in der Kinderakademie Fulda.

S. 7
Kunsthistorisches Museum Wien

S. 10, Fenster innen
1-3: Bildarchiv des Karl-Sudhoff-Instituts Leipzig, 4: Bayer AG, Archiv, Leverkusen

S. 10, Fenster hinten
Klinik für Innere Medizin III der Universität Leipzig

S. 28
Sächsische Landesbibliothek Dresden

S. 29
Herzzentrum Dresden

S. 33
National Library of Medicine/Prints and Photographs Collection, Bethesda, Maryland, USA

S. 36
Herzzentrum Dresden

S. 41
Elisabeth Nay-Scheibler, Köln

S. 41, innen
Das kalte Herz 1938 und 1992. Ein Abschiedsgeschenk der Sexta M an der Privaten Jüdischen Höheren Schule in Berlin-Moabit für ihre Lehrerin Sophie Friedländer mit drei Versuchen der Annäherung von Bruno Schonig und Karl-Walter Beise. Edition Hentrich, Berlin 1993, S. 34.
Oscar Wilde: Der hartherzige Riese. Illustriert von Dom Mansell. Mangold-Verlag, Graz 1989, Titelblatt.
Ludwig Bechstein: Märchen und Sagen. Illustriert von Martin und Ruth Koser-Michaels. Droemer-Knaur-Verlag, München 1954, S. 11.

Schneide die Drehscheibe mit dem aufgezeichneten Arm aus und stecke ihn durch die Stanzung der Seite 2. Mit einem Druckknopf oder einem kurzen Draht muß sie im Drehpunkt befestigt werden.
Dann kann das Mädchen im Inhaltsverzeichnis auf Seite 1 auf die Kapitel des Buches zeigen.

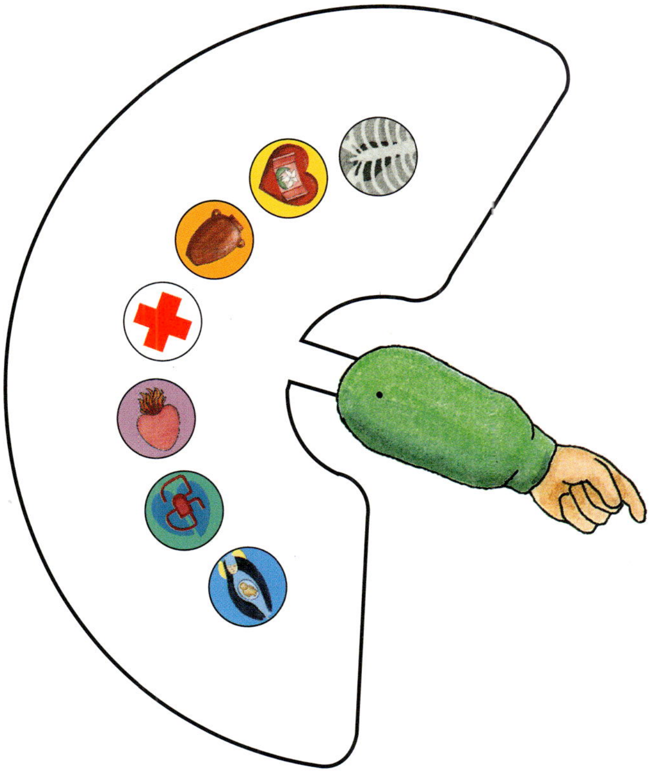

(1)

1 Herzmuschel „Ox heart"
(Glossus humanus)
Vorderansicht

2 Herzmuschel „Ox heart"
(Glossus humanus)
Rückansicht

3 Herzmuschel
(Carelium edute)

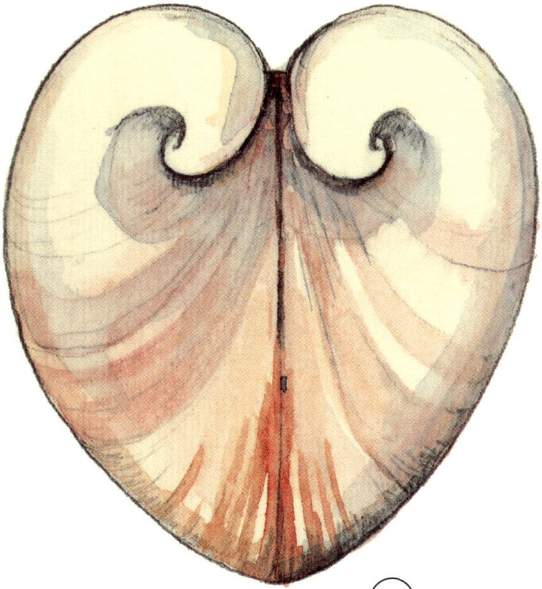

(2)

(3)